HÍPIAS MENOR

Título: *Hípias Menor*

© desta edição: Maria Teresa Schiappa de Azevedo e Edições 70, 1999

Capa do Departamento Gráfico de Edições 70
Athena Lemnia, de Fídias
Desenho de Louro Fonseca a partir de uma cópia romana

Depósito legal n.º 141534/99

ISBN 972 - 44 - 1011 - 0

EDIÇÕES 70, LDA.
Rua Luciano Cordeiro, 123 - 2.º Esq.º – 1069-157 LISBOA / Portugal
Telefs: (01) 3158752 - 3158753
Fax: (01) 3158429

Esta obra está protegida pela lei. Não pode ser reproduzida
no todo ou em parte, qualquer que seja o modo utilizado,
incluindo fotocópia e xerocópia, sem prévia autorização do Editor.
Qualquer transgressão à lei dos Direitos do Autor será passível de
procedimento judicial.

PLATÃO

HÍPIAS MENOR

Tradução, introdução e notas de
Maria Teresa Schiappa de Azevedo
assistente da Faculdade de Letras da Universidade de Coimbra

edições 70

NOTA PRÉVIA

No seu misto peculiar de lógica e humor, de crítica literária e aprofundamento ético dos conceitos de 'verdade' e 'mentira', este curto diálogo – talvez um dos primeiros a serem elaborados – não desmerece a qualidade artística primacialmente reconhecida aos diálogos platónicos. É também, pela sua brevidade, pela inserção num contexto homérico bem conhecido, e ainda pela clareza do seu traçado dialéctico – que falácias óbvias não empenam – uma das obras platónicas mais fáceis de ler e de apreciar. Daí a divulgação que, há algumas décadas, Sant'Anna Dionísio empreendeu dar-lhe, conjuntamente com o *Hípias Maior*, numa tradução acompanhada de um breve estudo introdutório e saída nos *Cadernos da Seara Nova* (Lisboa, 1945), seguida, anos depois, de outra, pelo P.e Luís Marques, na revista *Itinerarium 9* (ambas, a este momento, fora de mercado).

Contudo, a facilidade – relativa – de leitura não tem, regra geral, servido a uma exploração sistemática das potencialidades do diálogo, que transcende claramente, nos seus móbeis culturais, literários, psicológicos e até filosóficos, a intenção lúdica que bastos comentadores se apressam a assacar-lhe. É, pois, no sentido da reabilitação filosófica do *Hípias Menor* que se orienta a nossa introdução – excessivamente longa talvez; mas compensadora, se nela conseguimos fazer emergir os complexos veios (linguísticos, culturais, etc.) em que se entrelaça a reflexão proposta sobre 'verdade' e 'mentira', sobre 'bem' e 'mal'. Reflexão ainda – e principalmente – dirigida aos tempos de hoje quando perspectivada, como o é aqui, à luz do agir humano e do problema essencial de identidade, que afecta o homem tanto nas relações consigo mesmo como com os seus actos. Daí, cremos nós, a oportunidade de uma análise mais alongada.

O texto que serviu de base à presente versão é o da edição de A. TRAGLIA (Platone. *Ippia Minore,* introd. e commento, Torino, Loescher, 1972), baseada, por sua vez, no texto fixado por J. BURNET, *Platonis Opera,* t. III, Oxonii e Typographeo Clarendoniano, 1965 [1905].

À Prof.ª Maria Helena da Rocha Pereira, primeira leitora (e crítica) da versão original deste trabalho, testemunho aqui o meu reconhecimento pelo estímulo que nele representou, pelo empenho posto na resolução de dificuldades várias entretanto surgidas e pelas pistas interpretativas e bibliográficas com que nos foi possível enriquecê-lo e fundamentá-lo. Idêntico reconhecimento desejo expressar ao meu colega da Faculdade de Letras de Lisboa, Doutor J. Trindade Santos, cuja longa familiarização com o *Hípias Menor* foi decisiva na análise e sistematização de alguns tópicos filosóficos mais candentes. A ele devo, em especial, o generoso empréstimo de material raro e, nalguns casos, inacessível para mim, bem como o incentivo amigo ao estudo de uma obra que por igual nos entusiasma, e à disponibilidade de longas horas de conversa e discussão, que muito influíram na presente visão do diálogo.

Reiterando o apoio amigo que, por diversas formas e ocasiões, recebi do Prof. Walter de Medeiros e da Dr.ª Zélia Sampaio Ventura, aquando da primeira publicação deste trabalho pelo extinto INIC, em 1991, desejo também deixar aqui consignada a minha gratidão ao Doutor Ribeiro Ferreira pelo empenho posto na sua presente reedição na colecção *Clássicos Gregos e Latinos* das Edições 70.

Coimbra, Maio de 1999
Maria Teresa Schiappa de Azevedo

INTRODUÇÃO

Autenticidade e cronologia da obra

Entre os diálogos que figuram como autênticos na ordenação do *Corpus Platonicum* em tetralogias, levada a cabo por Trasilo (séc. I), incluem-se dois diálogos denominados Hípias: o mais extenso, conhecido por *Maior*, e o menos extenso, por *Menor*. Não é circunstância inédita no *Corpus*, que apresenta igualmente dois *Alcibíades*, distinguidos pela adjunção de *Primeiro* e de *Segundo* (este último, aliás, dado como duvidoso por Trasilo).

Se tal duplicação nada teria de estranho para os Antigos [1], o mesmo não veio a suceder em tempos mais recentes, particularmente por via da crítica filológica alemã do séc. XIX e primeira metade do séc. XX. Com o incremento das ciências da linguagem e dos processos de análise formal e de conteúdo, a questão da autenticidade, apenas esboçada pelos

---

[1] Além de imitações quase certas (de membros da Academia, por exemplo), deve salientar-se a existência de outros discípulos de Sócrates, contemporâneos de Platão e de Xenofonte, que escreveram igualmente diálogos «socráticos». Entre eles, Antístenes, Euclides, Fédon e Ésquines – por sinal, autor também de um *Alcibíades* perdido. Como observa B. Jowett (*The Dialogues of Plato* I, Oxford, 1924, pp. 597-598), é de crer que titulos idênticos proliferassem, a par de atribuições abusivas, que certamente não faltaram numa época em que questões de autoria não eram ainda relevantes. De notar, contudo, que as várias tentativas de ordenação da obra platónica na Antiguidade (pelo menos, a partir do séc. III a. C., com Aristófanes de Bizâncio) incluem já uma primeira triagem entre diálogos autênticos e espúrios. Curiosamente, nem os dois *Hípias* nem os dois *Alcibíades* constam das listas (aliás incompletas) de autênticos ou espúrios que Diógenes de Laércio (3.57-61) exemplifica para os organizadores que precederam Trasilo. Sobre a interpretação a dar a estas listas, veja-se A.-H. Chroust, «The Organization of the *Corpus Platonicum* in Antiquity», *Hermes* 93 (1965) 34-46.

gramáticos alexandrinos, atingiu então o seu ponto dilemático, o crivo do «ser» ou «não ser» platónico, a que se dirigia a investigação conjunta ou isolada dos diálogos. Sabe-se do exagero depurativo a que conduziu uma boa parte dessa investigação, baseada em conceitos mais ou menos arbitrários de «platonismo» ou em critérios aparentemente objectivos, como os estilométricos (iniciados em 1867 com L. Campbell e aperfeiçoados nas últimas décadas por Brandwood, graças à utilização de técnicas computorizadas). A obscurecer ainda mais a polémica, uma indefinida noção de «semiautenticidade» veio relegar para o limbo de anónimos discípulos da Academia (com ou sem a supervisão de Platão) a feitura ou acabamento de alguns diálogos aporéticos com aproximações platónicas flagrantes mas, no juízo dos seus avaliadores, sem os requisitos literários, estilísticos ou doutrinais dignos de uma obra do «Mestre». Estão neste caso diálogos como o *Críton,* o *Laques,* o *Íon* ou o *Menéxeno,* cuja autoria platónica quase ninguém põe hoje em causa.

Os dois *Hípias,* e o caso particular de duplicação que apresentam, não podiam escapar a este trabalho detectivesco. Tanto mais que nenhum elo significativo, do ponto de vista dramático ou doutrinário, aparece a justificá-la da parte de Platão. A vaga alusão, no *Hípias Maior* (286b), a Êudico – personagem do *Menor* – como «agente» de uma conferência que o sofista irá produzir dentro de dias em Atenas, é, neste contexto, irrelevante: não há coincidência entre o tema enunciado e aquele que, no *Menor,* serve de ponto de partida para a conversa entre Sócrates e Hípias. Impossível também extrair qualquer dado que permita inferir, da continuidade supostamente tutelada por Êudico, uma data dramática comum. O *Hípias Menor* não fornece quaisquer indicações, ao contrário do *Maior,* onde encontramos indícios suficientes para, embora sem grande precisão, calcular a data fictícia da conversa entre os anos de 421e 416 a.C. [2].

Para além disso, investigações minuciosas fizeram ressaltar divergências vincadas, que se alargam ao conteúdo doutrinário: o *Hípias Maior,* construído sob forma típica de um diálogo socrático, centra-se na pesquisa de uma definição do belo; o *Menor* alheia-se do campo da definição para suster (algo contraditoriamente com os ditames socráticos)

---

[2] Não faz, evidentemente, sentido aproveitar este discutível elo dramático para sugerir, como faz Guthrie (IV, pp. 191-192), que o *Hípias Menor* tenha sido composto depois do *Maior* – mesmo aceitando, com o referido comentador, a autenticidade deste último diálogo. Sobre a data dramática do *Hípias Maior* veja-se A. E. Taylor, *Plato, the Man and his Work,* London, repr. 1960, p. 29.

a tese de que «o homem mais capaz de dizer a verdade é o mais capaz de mentir». Mais vincadas ainda, as divergências de estilo e de caracterização de personagens (em particular de Hípias), que desde cedo têm suscitado diferentes apreciações literárias. A impressão – que perdura em alguns críticos actuais – é a de se estar perante autores diversos, e as perspectivas de «não-platónico» que cada um dos diálogos é susceptível de evocar levou grande parte dos estudiosos ao repúdio de um deles ou mesmo de ambos [3].

Curiosamente, o *Hípias Menor*, apesar do clima aparentemente anti--socrático e mesmo anti-ético, foi dos menos atingidos pela onda de atetização em que a filologia alemã do séc. XIX se lançou. Não tanto por razões de estilo ou de conteúdo, como pela dificuldade de escamotear o único dado objectivo que atesta, desde cedo, a presença do diálogo no *Corpus Platonicum*. Trata-se da citação de Aristóteles na *Metafísica* 1025a-6-8, ao concluir as suas reflexões sobre *pseudos* («mentira» ou «falsidade»): «Por isso o argumento do Hípias é falacioso, ao dizer que o mesmo homem que mente é o que diz a verdade».

O conhecimento do diálogo por este discípulo de Platão[4] e, mais ainda, a aparente ignorância que o uso do artigo definido deixa pairar sobre a existência de um outro *Hípias,* fornecem a base aos críticos atetizadores para optarem pelo carácter espúrio do *Maior.* Outros argumentos de

---

[3] D. Tarrant, da breve apreciação comparativa sobre o estilo e a qualidade literária dos dois diálogos, (*The Hippias Major attributed to Plato,* Oxford, 1927, pp. XXX-XXXII), conclui não apenas estarmos perante duas imitações como também perante imitadores diferentes. Identicamente H. Thesleff, *Chronology,* pp. 206-207.

Em oposição a quase todos os comentadores, O. Apelt (que não põe dúvidas à autenticidade dos dois *Hípias*) toma a defesa da unidade intrínseca de ambos os diálogos: vide *Platonische Aufsätze,* Aalen, 1975 [1912] pp. 203-237, esp. pp. 221-229. Segundo argumenta, ela efectiva-se não apenas no relevo concedido à noção de *dynamis* «poder», «capacidade», mas ainda na identificação explícita ou implícita entre *agathos* e *kalos* «bom» e «belo». O objectivo de Platão, «ao trazer de novo ao palco as mesmas personagens» (p. 228) poderá ter sido o de desfazer o equívoco – porventura nem sempre entendido como jogo dialéctico – do *Hípias Menor,* repondo na esfera ética e socrática os conceitos de *dynamis* e de *kalos/agathos.* A defesa é interessante mas artificiosa: nada impede que essa necessidade de «correctivo» tenha surgido (como supomos) de um imitador.

[4] Nem todos aceitaram ou aceitam o carácter definitivo deste testemunho, por não nomear o autor do diálogo: assim Schleiermacher, *Platons Werke* I 2 Band, Berlin, 1985 [1818], pp. 205-206; Tarrant, *op. cit.*, p. X; e, mais recentemente, Thesleff, *Chronology,* p. 220. Mas, do conjunto da obra aristotélica, não restam grandes dúvidas de que é Platão que se pretende aqui visar, através da alusão concreta a uma das suas obras conhecidas.

ordem variada, brilhantemente condensados por D. Tarrant no seu estudo introdutório e nas notas à edição do diálogo (*The Hippias Major attributed to Plato,* Oxford, 1927), reforçam este lado da polémica, que continua ainda em nossos dias [5]. Contudo, a excentricidade do *Hípias Menor*, conjugada com aspectos considerados incipientes do seu desenvolvimento ou qualidade literária, não deixou de imprimir reflexos em boa parte de estudiosos, que só devido ao testemunho de Aristóteles o aceitaram como autêntico. A solução de compromisso está na cronologia a atribuir à obra e que é paradigmaticamonte ilustrada por Wilamowitz: um diálogo desta natureza – afirma – só poderia ter sido feito em vida de Sócrates, pois seria impensável que, após a sua morte, Platão se abalançasse a uma sátira tão negativa do Mestre e do seu ensino [6].

As premissas actuais partem de uma outra ordem de considerações, nomeadamente, que Platão só terá começado a compor diálogos após a morte de Sócrates [7]. Por outro lado, em vista dos resultados contraditórios a que chegaram as várias tentativas de determinação da autenticidade, verifica-se uma crescente confiança na seriação das obras que os primeiros organizadores do *Corpus* – apesar de tudo, mais próximos de Platão e com acesso a informações que não temos – nos transmitiram como genuínas. Dessas, apenas o *Alcibíades* I, o *Hípias Maior* e as *Cartas* (no seu conjunto ou apenas algumas) continuam a ser objecto de polémica. Abstraindo, pois, a posição de H. Thesleff, que tende a atetizar boa parte dos diálogos atribuíveis à primeira fase platónica [8], a

---

[5] Entre os defensores mais recentes contam-se M. Soreth (*Der platonische Dialog 'Hippias Major,* München, 1953) e P. Woodruff (*Plato, Hippias Major,* transl. with commentary, Oxford, 1982). Contra, Thesleff em vários estudos, secundado por Kahn, «Did Plato write Socratic Dialogues?», *Classical Quarterly* 31 (1981), p. 308 n. 10. Um balanço das posições actuais sobre a questão da autenticidade do diálogo (que pessoalmente nos suscita bastantes reservas) pode ver-se na nossa *Introdução* a este diálogo (Lisboa. INIC, ²1989), pp. 19-29.

[6] Citado, entre outros, por P. Friedländer II, pp. 146 e 326 n. 8. Sobre as tentativas de desvalorização do alcance filosófico do diálogo e também da sua superação por parte de alguns críticos mais recentes, cf. J. Trindade Santos, «Erro e verdade nos diálogos platónicos do 1.º período: *Hípias Menor*» in: *Estudos filosóficos* I, Lisboa, 1982, pp. 15--17.

[7] Para uma alegação pormenorizada, vide Guthrie IV, pp. 54-56.

[8] Em *Styles* (1967) Thesleff admite ainda a autenticidade tanto do *Íon* como do *Hípias Menor,* situando-os em período relativamente recuado (p. 19). Esta posição é alterada no seu estudo posterior sobre cronologia platónica, de 1982, onde se verifica uma crescente adesão aos critérios de semi-autenticidade. Além do *Alcibíades I* e do *Hípias Maior*, a sua catalogação dos *dubia* alarga-se a diálogos como o *Críton,* o *Íon,* o *Laques,* o *Êutifron,*

autenticidade do *Hípias Menor*, corroborada pelo testemunho de Aristóteles, é um dado praticamente aceite.

Resta, assim, determinar o seu lugar relativo no *Corpus Platonicum*. Se, como salienta Ch. Kahn, «seria loucura insistir em datas absolutas» [9], há pelo menos, características que permitem incluir o *Hípias Menor*, a par com o *Íon*, entre os primeiros escritos platónicos: é semelhante a estrutura, ainda algo rígida, da apresentação dramática e dialógica; é semelhante o espaço relativamente extenso concedido ao contexto literário (e particularmente homérico), onde a discussão enraíza; e, sobretudo, a ausência de um projecto definicional que constitui a essência dos diálogos considerados tipicamente socráticos.

Tais características convergem positivamente na proposta mais recente de agrupamento cronológico, apresentada por Kahn no artigo citado em nota. O seu autor considera duas fases distintas dentro do período latamente designado «de juventude»: a primeira, constituída pelos diálogos que cataloga de «pré-sistemáticos» (*Apologia, Críton, Íon, Hípias Menor, Górgias, Menéxeno*), situáveis entre 399-385 a.c.; a segunda, pelos diálogos propriamente «socráticos» ou «pré-médios», centrados em volta da definição, a partir de 385 a.C. *(Laques, Cármides, Lísis, Êutifron, Protágoras, Eutidemo, Ménon)* [10]. No que respeita à posição relativa do *Hípias Menor* e do *Íon*, o novo agrupamento, embora polemize algumas propostas tradicionais de «arrumação» dos diálogos – como é certamente o caso do *Górgias* ou do *Êutifron* – não foge ao consenso geral de os incluir entre os escritos mais antigos.

---

o *Hípias Menor* e o *Menéxeno*, que não oferecem, à partida, razões consistentes de suspeição. De resto, os argumentos de Thesleff não deixam de repetir, em substância, os critérios subjectivos ou preconceituosos que marcaram a crítica filológica do séc. XIX e em grande parte se prendem com a aplicação do conceito (já de si discutível) de semiautenticidade: veja-se a nota inserta na nossa tradução do *Hípias Maior*, p. 27, e, relativamente ao *Laques*, a *Introdução* de Francisco de Oliveira a este diálogo (Lisboa, Edições 70, ²1990), pp. 13-14.

No que toca ao *Hípias Menor*, se podemos assinalar, como ponto positivo, a convergência de estilo que se assinala com o *Íon* (p. 206), já é mais difícil aceitá-lo como «imitação» datável de 375-370 a.c., na base de um indício mais que discutível: a discussão sobre o significado do termo *polytropos*, inteiramente interpretada como influência ou réplica ao *Ulisses* de Antístenes (vide p. 221). O autor, aliás, confessa honestamente não possuir dados concretos que lhe permitam infirmar a autenticidade do diálogo (p. 221).

[9] *Art. cit.*, p. 309.
[10] *Art. cit.*, esp. pp. 308-311.

Se, como Kahn conjectura, eles representarão, logo a seguir à *Apologia* e ao *Críton,* os únicos diálogos produzidos antes do *Górgias* – portanto, por toda a década de 399-390, aceitando a datação do *Górgias* para os anos de 390-386 a.C. – é questão que não cabe aqui analisar. Em abono, porém, de uma cronologia mais recuada do que a que alguns comentadores prevêem para o *Hípias Menor* (Guthrie, por exemplo: cf. supra, p. 10 n. 2) outros indícios, menos notados, podem assinalar-se, a juntar aos que atrás se mencionaram. São visíveis, e de fresca data, as reminiscências que o diálogo apresenta, quer d'*As Rãs* de Aristófanes quer, especialmente, de um anónimo ensaio sofístico —os *Dissoi Logoi (Antilogias,* ou *Duplos Argumentos)* –, aparecido provavelmente entre os últimos anos do séc. V e os primeiros do séc. IV a.C..

Se podemos confiar nas datas limite que (com raras e discutíveis excepções) têm sido atribuídas ao referido ensaio, ou seja, 403-395 a.C.[11], o mais provável é que o *Hípias Menor* tenha sido composto alguns anos antes de 390 a.C.. Mas, como o próprio Kahn lembra, «seria loucura insistir em datas absolutas», tratando-se de obras para as quais não dispomos de quaisquer indicações formais.

Desenvolvimento conceptual

Hípias terminou a sua espectacular conferência *(epideixis)* sobre poesia. O saber do sofista, os seus dons oratórios deixam a assistência convencida e maravilhada. No meio dos aplausos gerais, apenas um silêncio destoante, o de Sócrates: como explicará depois, perdeu a certa altura o fio ao discurso, e o seu natural acanhamento impediu-o de manifestar as dúvidas que guardou. Mas os poucos que ficam no final não querem perder o ensejo de assistir a um epílogo porventura muito mais empolgante do que o discurso produzido. É Êudico que, exprimindo, esse consenso, convida Sócrates a expor as suas dúvidas ou reservas, se as tem, ao sofista.

Assim se inicia o que parece ser um debate literário sobre o poeta mais discutido no séc. V a.C.: Homero. Será de facto a *Ilíada* superior à *Odisseia,* como, ao que dizem, Aquiles é superior a Ulisses? E como caracteriza Hípias ambos os heróis? Questão, por certo, demasiado

---

[11] Remetemos para a exposição circunstanciada de T. M. Robinson, *Contrasting Arguments,* Salem, New Hampshire, ²1984, pp. 34-41. Quanto às reminiscências aludidas, cf. infra, pp. 42-45 e 53-54.

simples para pôr em causa a autoconfiança do sofista: «desde que comecei a ir às competições de Olímpia, jamais encontrei rival que me levasse a palma em qualquer matéria que fosse» (364a). O tema erístico – mesmo tendo em conta o adversário «insignificante» que Sócrates representa – anuncia-se desde logo, preludiando um longo equivoco cómico entre a sabedoria aparente do sofista e a ignorância (talvez aparente também...) de Sócrates.

Essa aparência de sabedoria sobressai logo no lugar comum com que Hípias supõe satisfazer as dúvidas do interlocutor: Aquiles é «o melhor dos guerreiros» *(aristos)*, Nestor, «o mais sábio» *(sophotatos)* e Ulisses, «o mais ardiloso» *(polytropotatos)*. Mas a ambiguidade dos termos homéricos é patente e Sócrates requer uma justificação explícita quanto à oposição *aristos/polytropotatos* assumida para os dois heróis. Desta vez, Hípias recorre ao texto homérico e evoca a cena em que Aquiles, dirigindo-se a Ulisses «dos mil artifícios» (que viera em embaixada pedir o seu regresso ao combate), anuncia a decisão irrevogável de regressar à pátria. Segundo o sofista, os termos são inequívocos quanto à diferença abissal que Homero terá querido representar entre os dois: Aquiles é «simples e verdadeiro» *(haplous kai alethes)* ao passo que Ulisses é «mentiroso (ou falso) e ardiloso» *(pseudes kai polytropotatos,* 365b-c)[12]. A ambiguidade linguística está desfeita: *polytropos* «dos mil recursos» ou «dos mil ardis» é equivalente a *pseudes* «falso» ou «mentiroso»; e, implicitamente, *aristos* (na terminologia homérica: «o mais valente») sofre a correlativa passagem para o código de valores do séc. V, onde sobressai, não sem desvios, a noção interiorizada de *arete* como «virtude» ou «excelência».

Ao dispor de Sócrates fica agora por explorar a ambiguidade mais lata que as noções de verdade e falsidade (ou mentira) evocam na observação do espírito e do comportamento humano: representam elas atributos incompatíveis ou, pelo contrário, se implicam mutuamente, a ponto de se poder dizer que o mesmo homem *(ho autos)* que mente é o que diz a verdade? Para Hípias são incompatíveis e, segundo ele, também para Homero, como o comprovam as caracterizações antitéticas de Aquiles e de Ulisses (365c).

---

[12] *Polytropos,* etim. «O das muitas voltas» é um dos termos homéricos de polissemia mais complexa e discutida não só entre os críticos antigos (especialmente os sofistas) mas também entre os modernos. Em qualquer caso, dos dois únicos passos da *Odisseia* onde ocorre como epíteto exclusivo de Ulisses, está longe de deduzir-se o valor depreciativo que *Hípias* lhe imprimiu. Para uma discussão mais ampla, vide pp. 40-42 e cf. notas 4 e 5 à tradução.

Esta, pois, a tese que irá ser submetida por Sócrates à prova do *elenchos* «refutação» na primeira parte do diálogo (365d-372a), onde podemos relevar duas fases distintas: a discussão neutral em volta das duas noções (365d-369b) e a reflexão ética que posteriormente vem impor a destrinça entre mentira voluntária e involuntária (369e-372a.).

A primeira fase destina-se a fornecer argumentos para o *antilogos* ou *anti-tese* [13] que Sócrates parecia insinuar já antes, ao admitir a possibilidade de um Aquiles *polytropos* (364e), ou seja, tão capaz de enganar quanto Ulisses. A condução do diálogo é, neste ponto, modelar: como veremos, o antagonista de Hípias reserva trunfos colhidos da própria leitura de Homero que poderiam desde logo desfazer ou, pelo menos, confundir as opiniões radicais emitidas a propósito de Aquiles e de Ulisses. Em vez disso, prefere-se o alheamento ostensivo da discussão literária (que voltará em tempo oportuno) e a exploração sistemática das características essenciais do mentiroso (365d-368a), rigorosamente orientada pelo método da pergunta/resposta: não são os mentirosos homens dotados de capacidade *(dynatoi)*, inteligência *(phronimoi)*, sabedoria ou habilidade *(sophia)* e conhecimento *(episteme)*, relativamente às matérias em que mentem? O tom pretensamente neutral desta inquirição ilude o sofista. Os sucessivos assentimentos com que sanciona as características apontadas por Sócrates (não obstante a carga negativa de que pretende rodeá-las: «habéis, claro em enganar o próximo», 366a) não contribuem na prática senão para a sua promoção.

Com a ênfase dada às noções de capacidade e de sabedoria, está assim Sócrates habilitado a marcar a superioridade do estatuto do mentiroso, «o que sabe e é capaz de mentir», relativamente ao ignorante, que «jamais dará (= pode ser, *ouk an eie,* 366b) um mentiroso». Essa superioridade fica bem garantida no teste às várias ciências, capciosamente escolhidas em vista a assegurar a adesão do interlocutor: quem, melhor do que Hípias, o especialista sem rival em cálculo e aritmética, poderá mentir nessa matéria? Não é ele o mais sabedor, o mais capaz e, por conseguinte, *o melhor (aristos,* 366d.) nesse ramo específico? E o mesmo se passa, naturalmente, com a geometria e a astronomia, entre outras especialidades que o sofista domina.

---

[13] Sobre a aplicação geral do *elenchos* nos diálogos platónicos, geralmente por via de um *antilogos* ou proposição contraditória (anti-tese) a que se chega, partindo da proposição inicial (em regra formulada pelo interlocutor de Sócrates), vide J. Trindade Santos, *O paradigma identitativo na concepção platónica do saber* (tese de doutoramento apresentada à Faculdade de Letras de Lisboa), Lisboa, 1988, pp. 96-100.

Aceitando a lógica desse plano hipotético que lhe é proposto, Hípias não pode deixar de concordar, sem antever os custos dessa concordância: porque o mais capaz de mentir, conforme se infere mais tarde, não é outro senão o mais capaz de dizer a verdade (367c-d). E com este reconhecimento irrecusável – a não ser por outras vias que caracteristicamente não ocorrem ao sofista – chegamos à meta alvejada por Sócrates, à conclusão de que «aquele que mente e o que diz a verdade são uma e a mesma pessoa, e o homem verdadeiro em nada é superior ao mentiroso» (367d, cf. 367e, 368a) [14]. A dicotomia verdadeiro/falso, radicalizada por Hípias, desfaz-se assim numa indiferença igualmente radical, onde o *elenchos* socrático sobrepuja, quer pelo seu rigor lógico, quer pelo virtuosismo das falácias que vai entretecendo em volta dos conceitos de *dynatos* e, sobretudo, de *agathos* «bom».

Todo o raciocínio se concatena como se «capaz de ser» (verdadeiro, falso...) fosse o equivalente exacto de «ser», equivalência que, pelo menos no estádio abstracto da discussão, Hípias se vê forçado a aceitar: não é certo que «verdadeiro» *(alethes)* pressupõe a capacidade e o saber de dizer a verdade? O que é válido para este caso é-o também para o seu oposto: por mais que investigue nas numerosas artes e ciências que pratica, como noutras (garante Sócrates...) o sofista não encontrará argumentos capazes de infirmarem a conclusão (368ab).

Configura-se, deste modo, um cenário eleático – tão caro às falácias sofísticas – que prevê, ao último pormenor, a condução desta minicomédia filosófica [15]: a equivalência «capaz de ser» a «ser» opera por uma

---

[14] Quanto à proximidade (e dependência) linguística dos *Dissoi Logoi*, patente nesta formulação, vide pp. 53-54. O paradoxo é várias vezes rejeitado, directa ou indirectamente, por Aristóteles: para além do passo citado da *Metafísica* 1025a (e precedido de uma significativa definição de mentiroso: «aquele que gosta de mentir, sem nenhuma outra razão do que a mentira em si mesma»), veja-se, *e.g.*, a *Ética a Nicómaco* (144a 21-36), onde se estabelece uma distinção clara entre *dynamis* «capacidade»e *hexis* «hábito». Quanto às falácias contidas no argumento, é evidente que Platão as usa conscientemente: vide P. Shorey, *What Plato said,* Chicago, 1933, p. 39 e R. K. Sprague, *Plato's Use of Fallacy*, London, 1962, p. XIII e especialmente, quanto ao *Hípias Menor*, pp. 65-79.

As acusações que, do ponto de vista intelectual e moral, o recurso platónico à falácia – e, sobretudo, à falácia consciente – tem suscitado em alguns críticos deram também azo a interessantes defesas, como as de D. O'Brien (*The Socratic Paradoxes and the Greek Mind*, North Carolina Press, 1967) e, mais recentemente de G. Klosko, «Plato and the Morality of the Fallacy», *American Journal of Philology* 108 [1987] 612-626), que acentuam a prática de falácia como característica dos hábitos culturais gregos.

[15] R. K. Srague releva-o sobretudo para o *Eutidemo* (*op. cit.*, p. XIII), mas não temos dúvida em estendê-lo também ao *Hípias Menor,* onde o monolitismo da argumentação é

fundamental recusa do «devir» *(gignesthai)*, dos circunstancialismos factuais ou psicológicos que (seguindo, aliás, o trilho de Hípias) impedem de avaliar o carácter *(tropos)* do homem a uma luz que não seja a de pré--valores dogmaticamente estabelecidos (inteligência, sabedoria, habilidade...). A identificação verdadeiro/falso decorre assim num plano ideal que arrasta, após si, a ambiguidade entre as noções neutrais e éticas de *agathos:* «bom para», ou seja, «capaz», será, em termos resumidos, o homem «bom», o «virtuoso» que Hípias não hesita em associar ao seu magistério e mesmo à sua pessoa (cf. *Hípias Maior*, 285a-b), em vista da antecipada condenação do *to apatan,* «o enganar» (366a). Mas a reserva inicial está longe e esquecida: para que Hípias se dê conta do lado reversível a que, do ponto de vista ético, estão sujeitas as qualidades aceites de *dynatos* e *agathos,* é preciso que regressemos, desse plano ideal, ao da realidade literária, melhor dizendo, da realidade humana que, sob os nomes de Aquiles e Ulisses, volta a estar em causa.

É significativamente Sócrates que realiza esse movimento, alertando o interlocutor para as consequências práticas que decorrem das premissas aceites: «Está visto que o mesmo homem que mente é o que diz a verdade, de tal sorte que Ulisses, se era mentiroso, força é que seja verdadeiro, do mesmo modo que Aquiles, se era verdadeiro, força é que seja mentiroso: os dois homens não diferem entre si, antes se assemelham...» (369b). Só agora a anti-tese está completa e só agora também, com a reaparição das figuras de Aquiles e Ulisses, a representar uma escala de valores totalmente oposta à que defendera, o sofista se dá conta dos caminhos ínvios aonde os raciocínios de Sócrates o foram levando. Com um veemente protesto aos métodos socráticos, a tese inicial é reiterada e enfaticamente reconduzida ao pretendido terreno moral: «embusteiro» *(doleros)* é o termo que agora define inequivocamente o carácter de Ulisses, sem margem para dúvidas, «inferior» a Aquiles (369c).

É a vez de Sócrates se justificar, exibindo os trunfos da sua leitura de Homero. Serão mesmo os factos como Hípias os entende? O certo é que em parte nenhuma Ulisses aparece a mentir, o que já não se pode dizer de Aquiles: após as ressoantes declarações, perante o exército e os companheiros, de que iria regressar a Ftia, a sua atitude é a de ficar, mostrando «um soberano desprezo pela verdade» (370d).

---

realçado pela total omissão da noção de «devir» *(gignesthai)*. Mais difícil será determinar se o eleatismo subjacente à argumentação se deve à influência mecânica de um modelo como os *Dissoi Logoi* (de inspiração sofística-eleática) ou é deliberado, evocando de algum modo em Hípias o discípulo de Górgias (cuja doutrina tem substancialmente a ver com os Eleatas).

O sofista aceita o facto, mas não a sua interpretação. Aquiles mente, é certo, mas não premeditadamente, não por querer (*ouk ex epiboules, akon*, 370c), em contraste com as maquinações de Ulisses que, até quando diz a verdade, o faz com premeditação. As exigências da defesa fazem assim inflectir a tese num novo rumo que esbate o eleatismo rígido dos raciocínios precedentes e introduzem uma componente de subjectividade, e mesmo de circunstancialidade, até aí desconhecidas. Provado, como ficou, que Aquiles é «mentiroso», resta apenas a Hípias defender a superioridade daquele relativamente a Ulisses na base da «mentira involuntária».

Este, o contexto da segunda refutação que termina a parte do diálogo, consagrada explicitamente ao tema da verdade e da mentira. Como na primeira, nenhum recurso fica por explorar, no sentido de confundir e inverter as posições do sofista. Sócrates começa por contestar a caracterização que, segundo Hípias, Homero pretendeu dar dos dois heróis: na sua leitura, Ulisses é que é o homem «verdadeiro» *(alethes)* e Aquiles, o «mentiroso» (Sócrates «esquece» convenientemente a *Odisseia*, mas o pormenor passa despercebido ao adversário, mais empenhado agora em defender o «seu» herói do que em aprofundar os ataques a Ulisses). Perante esta primeira investida, que vai a mesmo a ponto de sugerir ironicamente a transferência do epíteto *polytropos* para Aquiles, Hípias passa à distinção entre mentira premeditada e não premeditada: a primeira será característica de Ulisses, a segunda, de Aquiles.

O diálogo poderia prosseguir agora em termos «razoáveis», inquirindo-se até que ponto a noção de mentira involuntária (i.e., feita sem o intuito de enganar, prejudicar) afectaria ou não a qualidade de *alethes*, cujo valor subjectivo domina nos usos ligados ao *tropos* do homem: «franco», «honesto» (note-se que esse valor subjectivo está bem presente nas constantes associações a *haplous* «simples», «directo» e a *euetheia* «boa-fé», sublinhadas por Hípias) [16].

Mas seguir esse caminho significaria, evidentemente, anular o efeito de força que o paradoxo inicial prometia. Sócrates recusa não só a interpretação de mentira involuntária, atribuída a Aquiles, como a boa-fé com que é defendida: «Hípias, meu excelente amigo! Agora és tu que estás a fazer de mim parvo e a imitar o teu Ulisses...» (369e). Ou deverá

---

[16] Sobre os valores objectivos e subjectivos de *alethes* e *pseudes,* cf. infra, pp. 54-55 e n. 25 à tradução. De registar a observação de Wilamowitz: «Quem tem razão? Com o esclarecimento de Homero é claramente Hípias, pois Aquiles diz sempre subjectivamente a verdade. Se ela o é também objectivamente, nada tem a ver como o seu carácter» (*Platon* I, Berlin, 1919, pp. 135136).

ler-se «Aquiles»? A cena da embaixada, que Hípias fora o primeiro a invocar, parece neste ponto servir mais as teses de Sócrates do que as do sofista. Aquiles começa por declarar peremptoriamente a Ulisses que irá partir no dia seguinte (como já «mentirosamente» anunciara a Agamémnon e a todo o exército). Trata-se, insiste Sócrates, de uma declaração trapaceira, forjada com um único fito: o de provar que, em matéria de embustes e mentiras, o alegado campeão estava já ultrapassado (371e). Quase logo a seguir, o mesmo Aquiles não tem pejo de se contradizer, afirmando a Ájax que irá ficar, sem que Ulisses, o *polytropos,* se dê aparentemente conta do embuste... [17].

Para Hípias, como seria de esperar, o passo está longe de ser conclusivo: a contradição que Sócrates aponta não é «maquinada», resulta tão só de uma mudança de opinião *(anapeisthe)* que em nada afecta a natural «boa-fé» *(euetheia,* 371e) do herói. De novo, pois, em causa o conceito de mentira voluntária ou involuntária, que marca, em princípio, a superioridade de Aquiles relativamente a Ulisses. Mas marca de facto? Sócrates retira agora o tapete que astuciosamente fora colocando sob os pés de Hípias, ao permitir (e provocar...) a defesa de Aquiles na base da «boa-fé» e do «involuntário»: «Então, ao que parece, Ulisses é superior a Aquiles». As premissas do argumento anterior não foram esquecidas e o paradoxo reaparece sob nova forma: «os que mentem voluntariamente são superiores aos que o fazem sem querer» (371e).

Ao invés da argumentação inicial, que partira de uma análise genérica para a sua verificação no campo literário, a pretexto das figuras de Aquiles e Ulisses, esta parte do contexto literário para uma enunciação geral, cuja contradição ética é ainda mais insustentável. Hípias não se deixa lograr e apercebe-se instintivamente do alcance deste novo movimento: «Ora Sócrates! Então aqueles que ofendem voluntariamente a justiça, que voluntariamente premeditam e cometem malfeitorias, hão-se ser melhores do que os que assim procedem sem querer? Estes últimos têm ainda uma atenuante de peso, se é por ignorância que vão contra a justiça, mentem ou fazem qualquer coisa de mal... Até as leis, como se sabe, são muito mais severas para os crimes e mentiras, quando houve intenção de os cometer, do que quando não houve»» (371e-372a).

Na falta de um discurso – que Sócrates lhe não consente... (373a.) – o sofista dá-nos o melhor que tem a dar: o apelo pesadamente retórico às leis e ao sentir comum, a prova por consenso do absurdo da tese socrática.

---

[17] Para a arbitrariedade desta leitura de Sócrates (e correlativa incapacidade de Hípias em rebatê-la), cf. infra, pp. 43-45.

Suficiente, sem dúvida, para um auditório amplo e acrítico, mas não para os «devotos» da filosofia, que esperam ver os argumentos de Sócrates refutados pelas mesmas armas que este usara.

A última intervenção de Hípias não deixa contudo o diálogo ficar no «ponto morto» da aporia. Com ela, o problema da verdade e da mentira é agora projectado ao nível mais lato da justiça e da injustiça, do erro voluntário e involuntário. Um interlúdio relativamente extenso (372b-373c) consagra esta nova dinâmica, ainda que para reafirmar tão-só o papel de «advogado do diabo» que ao longo de toda a conversa Sócrates vem chamando a si: «O facto, Hípias, é que vejo as coisas totalmente ao contrário do que dizes: os que prejudicam os outros de propósito, que vão contra a justiça e incorrem voluntariamente em falta [...] é que são os melhores. (372d)».

Posição circunstancial, sublinha-se, e longe de assumir-se como definitiva: a «sabedoria» de Hípias é uma vez mais invocada, com a habitual ironia, para corrigir o que Sócrates não hesita em denominar de «doença da alma» ou «vício» dos anteriores argumentos. Um novo caminho de investigação é, por conseguinte, requerido, não sem o apelo à arbitragem de Êudico, que lembra ao sofista a garantia inicial de responder «a tudo o que lhe for perguntado» (373b).

Chegamos assim à segunda parte da argumentação (373c-376c), cujo alcance ético parece não deixar dúvidas: quais são os melhores – os que erram voluntária ou involuntariamente?

A dissociação entre o sentir comum, que tem em Hípias um dócil, mas inábil representante, e o impiedoso jogo lógico que Sócrates uma vez mais impõe, consuma-se agora num estrito nível dialéctico, donde o contexto literário se encontra definitivamente excluído. Como se assim se procurasse irradiar também todos os matizes de ironia e diversão, susceptíveis de amortecer o choque de posições que havia marcado o confronto precedente.

A nova tentativa de ultrapassagem da aporia vai justamente incidir sobre perspectivas fulcrais que os raciocínios anteriores tinham posto em relevo sem, contudo, lhes aprofundar a dimensão ética e os seus limites inerentes: assim, a noção de virtude, excelência (*arete* – quase sempre subentendida no qualificativo *agathos* «bom») [18] e, correlativamente, a de acto voluntário e involuntário.

---

[18] Uma ocorrência neste argumento: 374bc, onde se opõe uma «excelência» (*arete*) física a um defeito (físico).

Como na primeira parte da conversa, é o jogo indutivo, em particular a analogia com os ofícios (ou *craft-analogy,* como é conhecida [19]), que vai servir de suporte à inquirição: qual dos atletas de corrida pode considerar-se bom – o que obtém de propósito maus resultados, ou o que os obtém sem querer? Hípias não pode deixar de concordar que é o primeiro; e identicamente na luta, tal como em «quaisquer outras provas de força» (374b). Numa terminologia que abrange ambiguamente o físico e o moral, vemos o mesmo princípio confirmar-se nas atitudes físicas, voluntárias e involuntárias, bem como nas partes do corpo ou nas qualidades sensoriais que o homem saudável pode de propósito utilizar defeituosamente: voz, pés, olhos e assim por diante. Em todos estes casos, conclui Sócrates, quando tais membros «funcionam mal, independentemente da nossa vontade, são defeituosos *(ponera)* e, por consequência, indesejáveis; pelo contrário, quando funcionam mal por nossa vontade, é porque são bons *(agatha)* e, consequentemente, desejáveis» (374d-e).

A antítese *bom* (centrado no homem) / *mau* (centrado nos resultados voluntariamente obtidos) domina assim o curso da nova pesquisa, num propósito aparentemente casual de definir o âmbito destes qualificativos. Basta apenas um passo para que a linearidade entre o «ser» do homem e os seus actos se quebre de vez: basta que Sócrates transponha ao domínio moral, concretamente da alma, o raciocínio pacientemente arquitectado em torno do exercício das *technai* e do corpo humano. Mas essa passagem imediata, por demasiado abrupta, arriscaria a pôr logo a nu o jogo reverso da analogia e, mais ainda, o campo de *excepção* em que Sócrates sistematicamente se situa. O caminho dialéctico encontrado é, de longe, mais subtil – e porventura único em Platão: trata-se, nada mais nada menos, de desligar a *psyche,* normalmente entendida, dos valores morais que se reportam ao homem.

A *craft-analogy* é ainda o suporte deste movimento dialéctico, artificiosamente conduzido para a avaliação dos instrumentos a que o homem recorre: «Que vale mais», pergunta Sócrates, «servirmo-nos de um que pomos a funcionar mal de propósito, ou de outro que funciona mal sem o desejarmos?» (374e). A estranheza desta nova categoria em análise (embora sem dúvida sancionada pelo uso social) consiste em aliar artefactos humanos – como seja um leme, um arco, uma lira – aos

---

[19] Ou seja, incluída no processo da *epagoge* «indução» que Aristóteles releva como típico em Sócrates. Sobre o equívoco suscitado pelos usos técnicos e éticos de *agathos* (onde, sem êxito, Platão terá procurado testar a sua noção de «virtude como conhecimento»), vide n. 13 à tradução.

animais ou mesmo aos escravos, objectivamente assumidos na sua condição *servil*. Mas a distinção é óbvia, na medida em que os primeiros são avaliados por uma qualidade *material* e os últimos por uma qualidade *anímica* que Sócrates não hesita em assimilar a *psyche:* «Por conseguinte, se um cavalo é dotado de uma alma melhor (= temperamento, qualidade anímica), poderemos com ele obter de propósito resultados defeituosos, mas, se é de má qualidade, esses resultados são independentes da nossa vontade?» (375a).

Psyche, portanto, equivalente a «temperamento», «qualidade anímica»: não o elemento condutor mas submetido à vontade humana, «instrumento» dela, como ressalta na arrojada transferência ao homem, encarado na sua pura (e desumanizada) condição de artífice: «E pelo que toca à qualidade de alma *(psyche)* de um homem – de um archeiro, por exemplo? Vale mais possuir uma alma que erre o alvo de propósito ou outra que o erra sem querer?» A ideia de *posse (ektesthai,* 375a) está aqui na continuidade de uma noção instrumental de alma que não distingue o animal servil do escravo ou mesmo do homem no exercício da sua profissão: a «alma» que possui um bom domínio do arco, da medicina ou da cítara mas faz voluntariamente mau uso dela revela-se quase tão «instrumento» quanto os escravos dotados de uma qualidade anímica, ou *psyche,* que lhes permita cometer erros e causar danos de propósito, e nessa medida, se afiguram preferíveis a outros que procedam mal involuntariamente: «é sinal de que são melhores nas suas funções» (375c).

A neutralidade dos termos bom/mau, a aceitação da sua existência paradoxal através do conceito de *voluntário (hekon, hekousios),* alarga--se assim quase imperceptivelmente à alma, através de um conjunto de raciocínios paralelos, unificados numa *psyche* que conglomera estádios e sensibilidades diversas do seu uso [20]. Agora sim, Sócrates está em condições de operar a transferência que há muito se adivinhava: «E no que respeita à nossa pessoa: desejaríamos ou não que a nossa alma fosse tão boa quanto possível?» (375c). A assimilação definitiva da *psyche* ao «ser» do homem vem pois consagrar o carácter ético do paradoxo, numa

---

[20] Esta transição tem passado geralmente despercebida aos comentadores. A estranheza (e até a violência linguística) dos usos de *psyche* em todo este passo é anotada por D. B. Claus, *Toward the Soul,* Yale University Press, 1981, pp. 168-169, que refere o exemplo arbitrário (ou menos convencional) do seu uso no *Hípias Maior* 296d. Para uma referência mais particularizada à falácia que Platão desenvolve com base nos diversos sentidos de *psyche,* veja-se n. 37 à tradução.

lógica que os sistemáticos acatamentos de Hípias (incapaz de prestar atenção à falácia escondida nos usos, aparentemente inócuos, de *psyche*) tornaram irreversível.

E voltamos ao ponto de partida, com o reconhecimento de que a alma que «voluntariamente comete erros e causa danos» é superior à que o faz sem querer. Conclusão naturalmente rejeitada, não por via de um contra-argumento – como o Hípias do diálogo nos habituou já –, e sim pelo recurso instintivo à norma e ao sentir comum: «Havia de ter graça, Sócrates, se as pessoas que ofendem voluntariamente a justiça fossem melhores do que as que assim procedem sem querer!» (375d)

Mas afinal, o que é a «justiça» de que se tem vindo a falar? A recusa de Hípias traz a última (e mais importante) oportunidade de analisar a raíz do desacordo. Regressamos com ela a outras duas noções nucleares da primeira parte do diálogo: conhecimento e poder. Na sua sequência, justiça (*dikaiosyne*, «qualidade da justiça») define-se como apanágio da alma com 'poder, 'capacidade' *(dynamis)* ou ambas as coisas. A alma mais justa será, portanto, «a melhor» ou seja (num raciocínio circular que caracteriza os primeiros diálogos): a mais apta, tanto a realizar o bem como o mal, voluntariamente. Daqui à tese socrática é um passo: «só o homem bom *(agathos)* comete injustiças de propósito» (376b). Injustiças que, traduzidas na linguagem social de «acções desonrosas» *(aischra)*, vão novamente provocar o repúdio de Hípias: «É exactamente nesse ponto, Sócrates, que eu não posso concordar contigo». O que não é difícil, visto que nem o próprio Sócrates pode também concordar consigo... O alerta lançado pouco antes, «se é que tal homem existe» (i.e., um homem bom que cometa voluntariamente injustiças), não foi nem poderia ser captado por Hípias [21]. No cerne da aporia não está tanto

---

[21] A assimilação à esfera da alma *(psyche)*, agora interpretada realmente como centro da actividade humana, bem como a introdução do conceito de «justiça», realçam de facto este final como puro paradoxo ético, assente no equívoco entre o uso neutral e ético de *agathos*. Não nos parece que se possa recusar o equívoco, argumentando, como R. Weiss, que o *agathos* do *Hípias Menor* não é o *agathos* padrão, julgado à base dos seus actos: «ele é apenas o homem com capacidade para a justiça e não o homem justo» («*Ho agathos as dynatos* in the *Hípias Minor*», *Classical Quarterly* 31 [1981] 304, cf. crítica de J. Trindade Santos, *O paradigma identitativo*, p. 212 n. 30). O paradoxo a que se chegou só mostra que a equação simplista entre o conhecimento da virtude e o das outras artes e ciências falha, quando confrontado com a realidade prática. Daí a importância concedida uniformemente pelos comentadores à dúvida que Sócrates levanta se efectivamente existe «um homem justo» que cometa voluntariamente a injustiça, o que sugere implicitamente a rejeição do paradoxo. Taylor (*op. cit.*, p. 38) sublinha-a expressivamente: «um tal homem é uma não-entidade, tal como um quadrado circular».

uma impossibilidade de conciliação (e será bom lembrar o aforismo socrático *nemo sua sponte peccat,* «ninguém erra voluntariamente»), quanto a ineficácia de uma retórica pomposa mas vazia, face à dialéctica que, no próprio terreno sofístico da defesa «das causas piores sobre as melhores», marca pontos quando conduzida por esse mestre genial que é Sócrates.

À consideração do ouvinte ou do leitor fica a alternativa que diálogo prolonga até aos nossos dias: se estamos perante uma mera demonstração de «perversidade» socrática ou se as falácias que sucessivamente vão desafiando os sentidos «normais» de verdade e mentira, de bem e de mal, projectam afinal algo de mais profundo, entrevisto na realidade móvel dos factos e da alma humana.

Estrutura dramática e personagens

O *Hípias Menor* inclui-se no grupo dos diálogos que se apresentam, sob forma directamente dramática, isto é, sem um mediador narrativo (Sócrates ou outra personagem) que caracteriza – embora não sistematicamente – alguns diálogos mais elaborados da chamada «primeira fase» *(Eutidemo, Protágoras)* e sobretudo do platonismo médio *(Fédon, Banquete, República).*

Como no *Hípias Maior* ou no *Íon* – diálogo este que, no conteúdo e na estrutura formal, parece revelar estreita proximidade cronológica – a inquirição dialéctica centra-se em apenas duas personagens: Sócrates e o sofista que dá o nome à obra. A atenuar, contudo, a rigidez previsível deste frente-a-frente, há a distinguir aqui o aparecimento de uma figura secundária, Êudico, sobre quem recai, na economia do diálogo, o papel de evocar uma atmosfera típica e as circunstâncias verosímeis da conversa que vai decorrer. Apesar do quase nulo movimento dramático, uma sugestão de «cena», com as suas personagens mudas ou falantes,

---

O desfazer do equívoco passa também pelo apuramento do conceito de «voluntário» (= desejo do bem e da felicidade), trazendo a primeiro plano a máxima «ninguém erra voluntariamente», a que, com mais ou menos desvios, Platão se manteve praticamente fiel até à sua última obra – *As Leis.* Sobre o assunto veja-se (entre uma abundante bibliografia) N. Gulley, «The Interpretation of 'No one does wrong willingly' in Plato's Dialogues», *Phronesis* 10 (1965) 83-96; T. Saunders, «The Socratic Paradoxes in Plato's Laws», Hermes 96 (1968) 421-434; J. Moreau, *Platon devant les sophistes,* Paris, 1987, pp. 29-39.

acompanha os movimentos principais deste breve drama filosófico, agrupáveis genericamente em *prólogo, desenvolvimento* e *epílogo* ²².

Relativamente aos dois últimos diálogos citados, o prólogo do *Hípias Menor* reflecte uma elaboração muito mais sensível. Para além de introduzir o tema da conversa e as personagens nela intervenientes, a sua função é a de recriar um cenário, cujo efeito visual e psicológico perdura ao longo de toda a discussão ²³.

A Êudico pertence, justamente, a fala inicial. Numa técnica sugestivamente alusiva, os pormenores de cena vão sendo concretizados: Hípias acabou a sua conferência, a multidão dos que o escutavam e aplaudiam foi-se dispersando e apenas alguns «devotos da filosofia» se mantêm junto dele, comentando passos do discurso ou prolongando as suas manifestações de apreço. Só mais adiante o local desta última troca de impressões será precisado: não «lá dentro», ou seja, no edifício (ginásio ou casa particular) em que a conferência foi produzida, mas sim «cá fora», ao ar livre, provavelmente junto à entrada.

A referência ao espaço cénico (curioso que seja posta nos lábios de Sócrates, 364b) não é irrelevante; proporciona, pelo contrário, uma antítese cuidadosamente sublinhada. «Lá dentro» simboliza o lugar ilimitado da retórica, da audiência acrítica dos *polloi* que a admiram e aplaudem, abafando com o seu «ruído» a possibilidade de voz individual; «cá fora», o intimismo de um círculo selecto e conhecedor, onde essa voz individual é não só possibilitada como requerida: uma liberdade de espaço interior que é também a de construir um caminho de pensamento, através da procura em comum, da interpelação directa, das dúvidas e críticas às teses defendidas pelo interlocutor ou aos resultados conjuntamente obtidos – numa palavra, a dialéctica ²⁴.

---

²² Outras variantes de formulação exequíveis podem encontar-se, *e.g.*, em Goldschmidt, que distingue no diálogo aporético uma parte central e principal, enquadrada em duas «molduras»: uma, representada pelo prólogo e outra, pelo êxodo ou epílogo, onde se concentra a aporia final. O esquema é referido e exemplificado por Francisco de Oliveira, na sua análise estrutural do *Laques* (op. cit., pp. 15-21).

²³ A adequação do cenário e dos elementos constantes do prólogo às personagens do diálogo e ao seu desenvolvimento filosófico constitui um dos aspectos mais salientes da arte literária de Platão. Além do estudo clássico de D. Tarrant («Plato as dramatist», *Journal of Hellenic Studies* 85 [1955] 82 sqq.), são ilustrativas as apreciações de P. Friedländer (em Plato III) ao *Fédon* e ao *Banquete,* porventura as obras que melhor a representam a fusão intencional de «drama» e «filosofia».

²⁴ Ressalve-se que o método da pergunta/resposta, como treino da palavra e do pensamento, foi, tal como a retórica, uma arte desenvolvida e praticada pelos sofistas. Uma e outra correspondem a necessidades concretas da época, em particular à evolução

Na mudança de cenário intuimos, portanto, a mudança de protagonistas: se Hípias dominara a anterior assistência pela magia do discurso, é Sócrates que assume agora o controle da nova assistência, testando passo a passo o valor das afirmações feitas por aquele. Em jogo, o contraste entre duas artes da palavra – a retórica e a dialéctica – por detrás das quais se esconde a divergência muito mais funda entre dois modos de pensar e conhecer, entre a sabedoria «aparente», incarnada pelo(s) sofista(s), e a sabedoria «real», que, medida em termos absolutos, nos reconduz à humilde (ou orgulhosa...) profissão de fé de ignorância, móbil primeiro e último de toda a investigação socrática.

O silêncio de Sócrates, que Êudico intencionalmente sublinha («Não aplaudes? Não tens objecções a fazer?»), tem, pois, um valor pregnante, que vai além da timidez – suspeita! – da personagem. É o reafirmar, pelo isolamento voluntário, da barreira que opõe esses dois tipos de saber, e o desafio implícito de que a comprovação do primeiro só poderá ser obtida no terreno em que o segundo domina, ou seja, pelo sistema da pergunta/resposta. Ainda aqui, Êudico se constitui o mediador do plano discursivo, pois é a ele que Sócrates indirectamente põe as suas condições («se Hípias fizer o favor de responder-me...»), como é também por intermédio dele que o sofista manifesta o seu assentimento (363c-d, cf. 363b). Estamos perante um dos jogos de cena mais felizes dos diálogos, sobretudo se atendermos à extensão limitada deste (o mais breve, logo a seguir ao *Êutifron* e ao *Críton*). A expectativa criada em torno deste início retardado da conversa pode aferir-se pelo carácter da assistência, o punhado de «devotos» que não esconde a sua admiração pelo saber de Hípias, mas gostaria de testar também até que ponto essa admiração é justificada: ninguém, pois, melhor do que Sócrates para o fazer.

Este nível competitivo, discretamente sugerido na figuração da assistência e nos incitamentos de Êudico (seu porta-voz) a que Sócrates «fale», é o próprio sofista que o confirma, sem hesitações nem modéstias: «desde que comecei a competir em Olímpia, jamais encontrei alguém

---

do sistema judiciário e dos seus trâmites legais, que passaram a assegurar a igualdade de circunstâncias entre as posições da acusação e da defesa. Mas foi para a retórica que os sofistas de preferência se inclinaram, já pelas evidentes virtualidades expositivas, já pelo efeito imediato que permitia obter junto de amplas camadas de público. É nesse contexto que a oposição retórica/dialéctica entra frequentemente nos diálogos socráticos a contrastar Sócrates e os sofistas. Para o problema das relações entre a dialéctica socrática e a dialéctica sofística veja-se G. B. Kerferd, *The Sophistic Movement,* Cambridge, 1981, esp. pp. 30-34 e bibliografia aí citada.

que me levasse a palma em qualquer matéria que fosse» (364a). Com o termo *agonizesthai* «competir», somos integrados na dimensão erística que o conceito de *sophia* «sabedoria» comporta no séc. V, especialmente entre os sofistas: dimensão de que Sócrates se não isenta também e se estende a toda a conversa, transformando o jogo de teses e anti-teses que vai seguir-se num autêntico *agon* ou «prova de força», com a mesma componente de triunfalismo e espectáculo que revestiam as competições atléticas em Olímpia [25].

Para a compreensão do diálogo concorrem assim decisivamente os indícios essenciais, constantes do prólogo. Por importante que seja a análise do conteúdo e método exemplificados, do seu alcance filosófico e possíveis soluções para as aporias a que se chega (nomeadamente, por confronto com outros diálogos), é a ideia de *comprometimento dramático* que chama a si a última palavra. Nessa perspectiva, procuraremos enquadrar os momentos seguintes do diálogo e o papel das respectivas personagens.

A inquirição dialéctica, iniciada com o retomar da pergunta indirectamente feita a Êudico (qual dos heróis, Aquiles ou Ulisses, é superior – 364b) corrobora, de forma concisa mas bem conseguida, a intencional semelhança do diálogo ao drama. Não obstante estarmos perante «um único argumento com variações», como acentua R.K. Sprague [26], a sua estruturação permite-nos observar uma sequência em três etapas, de algum modo comparáveis aos «episódios» da tragédia ou da comédia. A primeira destina-se à demonstração de que «o mesmo homem que diz a verdade é o que mente» (364b-369b); a segunda centra-se na superioridade daquele «que mente de propósito» (369e-372a); a terceira alarga o âmbito da última demonstração ao problema da (in)justiça voluntária e involuntária (373a-376b).

Pondo de lado os trâmites da argumentação que sustêm respectivas teses em cada uma das etapas, o que se impõe como aspecto típico da

---

[25] O exemplo mai acabado dessa prática erística são os dois sofistas do *Eutidemo:* a sua apregoada *sophia* elimina à partida qualquer propósito sério de discussão para se concentrar numa exibição de acrobacias verbais, que os seus apoiantes vão seguindo com deleite e entusiasmo.

[26] *Op. cit.*, p. 65. Com R. Weiss (*art. cit.*, p. 287) discordamos da leitura tradicional de dois argumentos independentes no diálogo e, em particular, do artificialismo de a encaixar numa estrutura mecanicamente dualística, como a que G. Hoerber desenvolve para o diálogo, apoiando-se por vezes em pormenores perfeitamente anódinos: vide «Plato's *Lesser Hippias*», *Phronesis* 7 (1962) 121-131.

conversa decorrente entre Hípias e Sócrates é o seu esquema rigidamente dualista. Em vez da procura de uma definição, que distingue a generalidade dos diálogos socráticos (abrindo margem para um amplo leque de situações, não necessariamente contraditórias) [27], encontramos tão-só imagens dicotomizadas da realidade, entrevistas através das noções extremas de verdade e mentira, de justo e de injusto. Para dois opositores, duas correspondentes posições radicais, que se confrontam sob forma de tese e anti-tese, a evocar a lição ainda próxima dos *Dissoi Logoi* ou *Antilogias*.

Esta concepção antitética do plano discursivo está longe de empobrecer a perspectiva dramática; vive, pelo contrário, à sombra dela. Ainda dentro da lógica ficcional do diálogo, Sócrates e Hípias são os «actores» desafiados a participar num *sketch* cenicamente enquadrado, que pode ou não evoluir fora das convicções reais dos seus intervenientes.

Porventura é esta compreensão cénica que marca em parte o triunfo de Sócrates relativamente ao interlocutor: a capacidade de «fingir» um papel que aquele toma em plena seriedade, sem lhe descortinar brechas, submetendo-se, com a mesma verdade ingénua do Aquiles de que se constitui patrono, às manhas de um Ulisses sofisticado e *polytropos*. Se podemos, com Friedländer [28], relevar no cerne do diálogo a noção de *apate* («engano», «ilusão») seria erro limitá-la ao conteúdo lógico ou à perícia argumentativa com que Sócrates se empenha em «causar dano» às teses do seu frustrado adversário (373b).

Apate significa também, na superfície e na estrutura do *Hípias Menor*, a ilusão cénica que rodeia todo o *sketch,* a zona de risco entre realidade e ficção que emerge desde logo no esboço de debate literário em torno de Aquiles e de Ulisses. Como definir, onde centrar a «intenção do poeta» (364e, 365b-d), a não ser nesse obscuro domínio de «engano», entrevisto, no seu mais lato sentido gorgiânico, como «ficção»?[29] A ideia não nos

---

[27] O interesse deste dado interno na cronologia relativa do diálogo foi já referido atrás (p. 14). J. Trindade Santos, na sua classificação dos diálogos elênticos, inclui justamente o *Hípias Menor*, a par com o *Íon*, na rubrica dos «diálogos atípicos»: vide *O paradgma identitativo...*, p. 87 e pp. 88-89, onde tal classificação se justifica pela «não evidência de uma intenção programática clara», a que se junta a dificuldade de apuramento do tema principal do diálogo.

Quanto à provável ligação (temática e argumentativa) com os *Dissoi Logoi* cf. infra, pp. 53-54.

[28] *Plato* II, pp. 144 e 146.

[29] Cf. infra, pp. 55-56.

chega a ser enunciada mas percorre, com fortes sugestões, todo o diálogo. A conversa entre Sócrates e Hípias enraíza de facto na atmosfera inicial, corporiza e dá actualidade dramática não só ao motivo do confronto entre verdade e mentira como, através dele, às personagens homéricas que literária (e convencionalmente...) o incarnam.

No equilíbrio entre os dois planos cénicos avultam, de forma discreta mas eficaz, as pausas de argumentação. Elementos de juntura entre as diversas etapas lógicas, a sua finalidade é também a de nos reconduzir ao ambiente donde a conversa derivou. Um intencional efeito de distanciamento se faz aqui sentir, quer no comentário e nas críticas aos resultados obtidos, quer, em particular, no apelo à assistência, de algum modo convertida em árbitro de «representação».

A primeira pausa, embora breve (369b-d), é, a esse título, significativa. Hípias crítica o método de inquirição seguido e sugere a contraposição de dois discursos. O evocar explícito da assistência, com o epidíctico *houtoi* («estes que aqui estão») isola a conversa anterior, denuncia-a como jogo verbal, de cujos pressupostos e resultados – apesar do concurso (in)voluntariamente prestado – o sofista se demarca. A esta denúncia vem contrapor-se a de Sócrates, que não só anula o efeito da primeira como permite, num hábil volte-face, garantir o jogo cénico nos termos iniciais: é tão-só o desejo de aprender que o leva a fazer perguntas. O papel de líder, assumido antes, esbate-se nesta confissão de ignorância onde uma vez mais se consigna (não sem ironia...) o «saber» ou a «habilidade» (*sophia* 369d) do adversário.

De longe mais elaborada, a segunda pausa (372a-373c) desenvolve os fios latentes na primeira. Pelas suas características e extensão relativa, constitui um verdadeiro interlúdio que não só apresenta o balanço dos resultados como leva às últimas consequências a reversão cénica pretendida. Notamo-lo a nível do protagonista – Sócrates – que agora aposta a sua capacidade dialéctica num curioso jogo de «desdobramento», donde nos sai, por contraste com a segurança mantida à superfície, um «eu» perplexo, incapaz de avaliar os factos na sua realidade nua e crua (372a), obcecado pela sua ignorância até aos extremos da auto-humilhação. Mas notamo-lo, sobretudo, no movimento cénico que se traduz no apelo mais concreto à assistência, protagonizada por Êudico.

A agressão patente do último paradoxo quase fez a conversa atingir o seu ponto de ruptura. Estará Hípias disposto a continuar a responder? É o retomar do plano cénico inicial, com Êudico a reassumir o papel de mediador, lembrando agora ao sofista o dever de honrar os seus compromissos, ou seja, de «responder ao que lhe for perguntado» (373a-b).

O breve (brevíssimo) diálogo com Êudico mostra, por sua vez, a reacção «pessoal» da personagem, reacção exacerbada da primeira para a segunda pausa: «é que Sócrates parece só apostado em causar dano ao argumento» (*hosper kakourgounti,* 373b). Sem o apoio indispensável da assistência, portanto, o *sketch* não prosseguiria: à imagem do que frequentemente sucede noutros diálogos platónicos, a quebra da ilusão cénica é aqui posta ao serviço do seu reforço, consolidando, no plano dramático, a posição chave da inquirição dialéctica [30].

Platão sublinha, por omissão, o momento em que tal apoio deixa de ser necessário: precisamente quando atingimos, sem equívoco possível, a raíz ética dos paradoxos enunciados, colocando directamente a *psyche* face ao dilema do «justo» e do «injusto». Como entender que a alma mais justa seja a que comete voluntariamente a injustiça? A última aporia do diálogo não é, singularmente, a impossibilidade total de concordância entre os dois antagonistas, mas a contradição alimentada por Sócrates nas teses que o seu «duplo» foi desenvolvendo e impondo perante si e perante Hípias [31].

O epílogo (376b-c) traz-nos, portanto, a denúncia dessa *apate* «ilusão» ou «engano», onde radica a essência do *Hípias Menor*, e se sustém apenas pela força de um argumento que Hípias deixa intocado. Com o regresso da personagem Sócrates a si mesma, à sua ignorância e perplexidade características, consuma-se o efeito de distanciamento cénico que tem, como sempre, em Platão, o seu correlato purificativo e pedagógico: «que eu esteja sujeito a estas derivações – eu ou qualquer outro leigo – não é de espantar. Agora que vocês, os sábios, andem, também como nós à deriva, isso sim, dá que pensar, se nem com a vossa ajuda conseguimos pôr termo às nossas andanças!». A ênfase posta no termo *plane* «derivação», «errância» e no verbo correlato *(planasthai)* acentua, como no *Hípias Maior* (304c), o objectivo mais fundo do diálogo: a condenação

---

[30] Situação parecida ocorre no *Protágoras* 334c-338e, onde a recusa do sofista em continuar a discussão nos moldes propostos por Sócrates origina protestos vários da assistência: o debate deverá terminar por um «vencedor»: a desistência de Protágoras equivalerá, pois, a uma confissão de «vencido» *(phauloteros,* 336c).

[31] Não é impossível que esta duplicidade de papéis assumida por Sócrates tenha inspirado (a par de influências mais concretas, como a figura de Diotima, no *Banquete)* a ficção do famoso *tis* do *Hípias Maior,* o anónimo «alguém» que Sócrates representa ou imita *(mimoumenos,* 287a-b) perante Hípias: o final sugere com precisão a natureza de um *alter-ego* socrático que o imaginário interlocutor desempenha ao longo da conversa. Para este valor dramático (e psicológico) do referido *tis* veja-se a nossa *Introdução* ao diálogo, esp. pp. 39-40.

de um saber que não sabe reflectir-se, alimentando-se do ilusório poder de convicção sobre uma assistência, que facilmente confunde realidade e espectáculo.

Da análise conceptual e sobretudo dramática ressalta o esquema dualista que, quer ao nível filosófico quer ao nível dramático, opõe as duas principais personagens do *sketch*: Sócrates e Hípias. Largos traços de caracterização foram já salientados nessa análise, pelo que nos limitaremos aqui a precisar o sentido do contraste ou até, se se preferir, do conflito que as opõe enquanto personagens e enquanto portadoras de uma experiência intelectual e psicológica que, não obstante a ficção do diálogo, algo nos traz das pessoas históricas que representam.

Os dados são sobejamente conhecidos relativamente a Sócrates: a sua «ignorância», repetidamente afirmada (mas não comprovada...), que o leva a inquirir junto dos sábios sobre questões por ele consideradas fundamentais; a *eironeia* ou «fingimento» com que lança o adversário na derrota e na aporia, não raro estendendo-lhe com uma mão o que depois lhe retira com a outra. E, ligado a ela, o jogo do paradoxo que, ultrapassando as falácias da argumentação, se alarga a dois temas maiores: o da «virtude como conhecimento». e o do *nemo sua sponte peccat,* «ninguém erra voluntariamente» que, parece não ter aqui outra existência que não seja a de ser recusado.

O diálogo é, no seu todo, mas sobretudo neste último ponto, desconcertante. Dificilmente mesmo o entenderemos, se não tivermos em conta a personagem do seu interlocutor. Um interlocutor com inegáveis créditos firmados, embora não no plano especulativo que alguns reabilitadores dos sofistas intentaram tributar-lhe.

Hípias foi, sem dúvida, um homem da sua época e um *sophos,* no sentido mais estrito e intelectualizado do termo, que marcou a vida cultural da segunda metade do século de Péricles. A sua *polymathia* ou enciclopedismo – repartida pelos mais variados domínios, que iam da aritmética, da astronomia e da geometria à literatura, à história ou à sociológia – cedo o impuseram como alvo da admiração popular. E certamente não sem motivo: além de investigações e descobertas de mérito (nomeadamente a célebre *quadratrix*) [32], uma perdida *Synagoge* – colecção de escritos, opiniões e outro material informativo sobre autores

---

[32] Inicialmente, uma curva transcendental para resolver o problema da trisecção de um ângulo, e que veio depois a ter aplicação na «quadratura do círculo» (daí o nome por que ficou conhecida).

antigos, que foi a provável base de doxógrafos posteriores – acentua hoje a sua importância na história da filosofia como «primeiro doxógrafo sistemático» [33]. Senhor de uma memória invejável (ele próprio se gabava da invenção de uma arte de mnemónica – cf. *Hípias Maior* 286 e *Hípias Menor* 368d) era igualmente dotado de uma capacidade oratória que lhe permitia adaptar-se a todos os tipos de assistência. Não admira, pois, a expectativa que rodeava as conferências do sofista e os largos proventos que, a crer no *Hípias Maior* (282e), delas recolhia: a sua versatilidade, a extensão dos temas abarcáveis e a elegância de exposição cumpriam, de algum modo, as exigências de uma cultura ainda fortemente marcada pela palavra oral e pela presença do seu produtor.

Mas, com tudo isto, não há indícios de que Hípias tenha desenvolvido qualquer doutrina de cunho pessoal, ao contrário do que acontece com outros sofistas seus congéneres – Górgias, Protágoras ou mesmo Pródico. Se, no *Protágoras* 337c sqq. parece sugerir-se um partido a favor da *physis*, na debatida controvérsia *physis/nomos* («natureza/convenção») nada autoriza a ir além de uma posição conciliatória, longe dos excessos ou da violência com que o Cálicles e o Polo do *Górgias*, ou o Trasímaco da *República*, a interpretam. A *sophia* de Hípias mantém-se nos limites estritos da erudição – de que se orgulha! – apoiada nas aparências de uma moralidade comum que se reflecte, quando muito, na superioridade das «leis não escritas» *(agraphoi nomoi)* relativamente às leis escritas [34].

---

[33] Assim o considera B. Snell em «Die Nachrichten über die Uhren des Thales», *Philologus* 96 (1944) 119-128, apud G. Kerferd, *op. cit.*, pp. 48-49.

[34] Vide Xenofonte, *Memoráveis* 4.4.6 sqq.. Na linha de reabilitação dos sofistas, iniciada no século passado por Hegel e Grote, comentadores relativamente recentes, como Untersteiner e Dupréel, procuraram realçar o valor filosófico do magistério de Hípias, quer à luz dos testemunhos platónicos quer, particularmente, dos *Dissoi Logoi* a que atribuem, se não a autoria, pelo menos uma larga responsabilidade moral e doutrinária. No entanto, a realidade dos testemunhos está longe de corresponder a tal desiderato: o pormenorizado confronto que Dupréel estabelece entre o *Hípias Menor* e os *Dissoi Logoi*, em particular o cap. 4 «sobre a verdade e a mentira» (vide *Les sophistes*, Neuchâtel, 1948, esp. pp. 196-200), só vem mostrar até que ponto Hípias se dissocia das teses aí defendidas e a arbitrariedade de lhe serem imputadas (ou teríamos um Hípias defensor dos vários paradoxos socráticos...). Mais moderadamente sustenta Kerferd (*op. cit.*, p. 48) haver «indícios de que Hípias desenvolveu uma posição genérica de cunho pessoal». A base é o passo 301b do *Hípias Maior*, mas as próprias incongruências de linguagem que são postas nos seus lábios (cf. as notas 79 e 83 à nossa edição do diálogo, pp. 128--130) infirmam o frágil valor que a referência pudesse ter como documento histórico.

A questão, a nosso ver, é encerrada com elegância por T. M. Robinson na edição já citada dos *Dissoi Logoi*: «se [Hípias] teve alguma novidade filosófica a dar, ela teve a honra de ser completamente ignorada pelos seus contemporâneos e sucessores» (p. 65).

É de algum modo essa ausência, essa falta de sentido a dar a um saber extenso, mas sem resposta para os problemas concretos do homem (particularmente da segunda metade do sec. V a.C.), que tornam o ataque platónico porventura mais violento e até humilhante do que sucede nas caricaturas de outros sofistas. O que está em causa não é de facto o ataque a uma doutrina – como P. Woodruff pertinentemente sublinha para o *Hípias Maior* [35] – mas sim a uma personalidade, cujo excesso de dotes conduziu por igual a um excesso de triunfalismo e de autoconfiança. Confrontado com os paradoxos socráticos, o sofista mostra à evidência a fragilidade dos seus hábitos reflexivos, submetidos, no domínio moral como no literário, aos cânones precários do que «é justo» e «fica bem». É, pois, esse superficialismo de visão que se toma patente no *Hípias Menor*: a incapacidade para, no domínio de uma «ciência da alma» (à qual a sua *polymathia* é no fundo alheia), rebater as falácias socráticas, falhando os passos de uma «procura em comum» que, com mais ou menos êxito, Sócrates prossegue com os outros sofistas – nomeadamente Protágoras.

Até que ponto Platão entendeu sugerir, nas personagens do diálogo, o contraste das figuras literárias que lhe servem de ponto de partida, não é inteiramente líquido. Mas a leitura da obra a essa luz não deixa de ser persuasiva: de um lado, a verdade «simples» e indefesa de Hípias, cujos propósitos não cumpridos (de responder cabalmente à questão inicial) acabam por redundar, à semelhança dos de Aquiles, em pura *alazoneia* «fanfarronice»; de outro, a *apate* deliberada, os «mil recursos» de Ulisses postos ao serviço de Sócrates, cuja função é tanto mostrar como esconder a sua ciência da complexidade dos *pragmata* «as coisas do real».

«Quem engana quem?» quase apetece perguntar, parafraseando o subtítulo sugestivo que T. Szlezák apõe ao *Hípias Menor* [36]. De facto, o ilusório saber do sofista, a sua verdade e boa-fé alegadas, não são menos enganadoras e frustrantes do que a *eironeia* de Sócrates, directamente reflectida na duplicidade de papéis e nos excessos punitivos de «ignorância» a que se autocondena (372d). Um e outro asseguram a sua parte de *pseudos,* nas modalidades que Aristóteles virá a definir na *Ética a Nicómaco,* e que valerá a pena lembrar em função do diálogo: a do

---

[35] *Plato. Hippias Major,* transl. with commentary and essay, Oxford, 1982, pp. 127-130.
[36] Vide *Platon und die Schriftlichkeit der Philosophie,* Berlin, 1985, p. 79.

alazon, o que alardeia méritos acima das suas possibilidades, e a do *eiron,* o que se empenha (como Sócrates...) em rebaixá-las e escondê-las [37].

É a conjugação de ambos os tipos, num *sketch* de características muito especiais, que marca tão fortemente o clima de *apate* em todo o diálogo. Mas qualquer tentativa de «pronunciamento moral» resultaria não só inútil como incompreensiva: por detrás do engano voluntário e involuntário que as duas personagens incarnam, espreita a complexidade irrecusável dos *pragmata,* oscilando entre as noções absolutas de «verdade» e «mentira»; e, a par dela, todo o problema do «bem» (*agathon*) que só se abre à compreensão do homem no confronto e reconhecimento de experiências diversas ou até de sinal contrário.

O *Hípias Menor* e a crítica literária

A revolução sofística, apesar das múltiplas inovações que veio trazer no campo da linguagem e da sua interferência social (nomeadamente, a consagração da retórica e da dialéctica como formas discursivas autónomas), está longe de significar o corte com uma tradição de cultura e de poesia que fez de Homero e dos poetas em geral os naturais educadores da Grécia. Ainda com os sofistas, essa herança secular se erige como marco de referência imprescindível a todo o homem culto: nela estão contidos os modelos, as máximas e até os gostos estéticos que ao longo de gerações foram moldando o espírito dos Gregos e ditando as suas normas de viver social e colectivo.

Não se estranha, pois, que no *Protágoras* o sofista homónimo sustente a tese de que o conhecimento da poesia constitui «a parte mais importante da educação», ou seja, a condição *sine qua non* para que o educando se transforme de facto num *kalos kai agathos,* «um homem completo» (338e).

---

[37] A distinção citada ocupa todo o capítulo 7 do I. IV (1127 a 13-b 13) e não deixa de ser curiosa pela valorização positiva que apresenta do *eiron* – de que se dá Sócrates como exemplo expresso, relativamente ao *alazon*. Mas essa valorização ética não é uniforme na obra de Aristóteles: cf. *Retórica* 1382b21 onde *eirones* e *panourgoi* aparecem claramente associados. A mesma ambiguidade subjaz ao discurso apologético de Alcibíades no *Banquete* (aliás, metade elogio, metade vingança...) onde a *eironeia* socrática é parcialmente «desmascarada» como *hybris* «insolência» e mesmo troça (*paizon*) à custa dos outros (vide, *e.g.*, 215b, 216c). A oscilação dos juízos morais sobre o *eiron,* particularmente em Aristóteles – oscilação a que não será alheia a figura de Sócrates –, é realçada por P. W. Gooch, «Socratic Irony and Aristotles *eiron:* some Puzzles» *Phoenix* 41 (1987) 95-104.

Porém, que tipo de conhecimento da poesia advoga Protágoras? É neste ponto que, de alguma forma, o ensino sofístico se demarca da educação antiga, sobretudo dirigida à memorização de poemas e ao aceitamento passivo dos seus modelos. O progresso intelectual e artístico, a par com uma incipiente reflexão sobre a linguagem, que agora começa a sistematizar-se, seja no campo da gramática, «inaugurada» por Pródico, ou no estilo poético – onde Górgias campeia com a definição das suas célebres figuras rítmicas e melódicas –, implicam novas exigências de leitura, que conferem especial relevo à análise textual/interpretativa e à capacidade crítica das obras em discussão. Para Protágoras, conhecer poesia não é apenas ler (ou memorizar) os produtos poéticos, como também saber distinguir e justificar o que neles há de «bem feito» (*orthōs* ou *kalôs*) ou, pelo contrário, de «mal feito» (*me orthōs*) [38].

A segunda metade do séc. V a.C. assimila rapidamente esta forma de contacto com a poesia e os poetas: a crer no testemunho do *Íon* (530 c-d), os próprios rapsodos faziam acompanhar as suas recitações de um comentário exegético aos autores ou às obras versadas. Exegeses, sem dúvida, tipificadas num amadorismo pobre, mas não obstante, capazes de compor, junto dos *media* a que se destinavam, a imagem ideal do «intérprete inspirado». É neste pano de fundo que os sofistas fazem dos debates em torno da poesia um campo privilegiado de discursos e exibições. Por vezes, tão-só no aproveitamento de situações ou personagens ligadas à tradição poética ou mitológica, como sucede no *Elogio de Helena* de Górgias ou no *Troïkos logos* «discurso da guerra de Tróia», atribuído ao sofista Hípias [39]. Mas, mais frequentemente, na apreciação em si das obras, delimitando, com o rigor da crítica fundamentada, o espaço próprio do *orthōs* ou do *me orthōs*.

---

[38] Para a noção de *orthos* ou *kalos (pepoiemenon)* como categoria estética autónoma, quer no campo da poesia quer no da retórica, implicando, além da pesquisa da «exactidão dos termos» *(orthotes onematon),* o teste de coerência das obras em causa, vide A. Plebe, «*Momenti e problemi dell'estetica antica,* Milano, 1979, p. 15. Para os seus reflexos n'*As Rãs* cf. Maria de Fátima Sousa e Silva, *Crítica do teatro na comédia antiga,* Lisboa, 1987, p. 190.

[39] Referido no *Hípias Maior* 286a-b e recordado ainda por Fidóstrato (*Vita sophistarum* 1.1), que acrescenta que o discurso seria concebido em diálogo. O tema, segundo o sofista refere no diálogo acima citado, teria por objecto «os belos conselhos prodigalizados por Nestor a Neoptólemo (filho de Aquiles)». Ainda aí, é perceptível o pendor moralista que a tradição nos permite atribuir ao magistério de Hípias e que se reflecte flagrantemente na rigidez dos juízos de valor assumidos para Aquiles e Ulisses no *Hípias Menor*. Sobre a falta de originalidade destes juízos, cf. Isócrates, *Panatenaico* 18.

Efectivamente, se os rapsodos se impõem como intérpretes inspirados dos poetas, os senhores de *techne* são os sofistas. Eles dominam a matéria poética em todas as suas vertentes de conteúdo, forma, linguagem; atêm-se cuidadosamente à verificação da coerência interna das obras, às regras que norteiam a sua estrutura formal, à elucidação de imagens, figuras rítmicas e melódicas, que as singularizam do ponto de vista do estilo. Passam também ao crivo o sentido preciso de cada termo, no intuito de apurar a *orthotes onomaton* «a correcção dos termos» que, sendo um princípio geral da linguagem (cf. *Eutidemo* 277e e *Crátilo* 391b), não podia faltar nas suas mais elevadas manifestações: a retórica e a poesia.

O público apreciador dos espectáculos dos rapsodos estava por igual sensibilizado para estas modalidades de leitura, mais frias e eruditas, que proporcionavam por vezes diversões inesperadas: assim os «erros» a que Protágoras objecta no v. 1 da *Ilíada* e entre os quais se assinala, nada mais nada menos, do que o uso «feminino» de *menin* (*menis* «cólera») num contexto em que a palavra deveria ser... masculina (*menin... oulomenen* «cólera destruidora») [40]. A componente lúdica, presente nesta como noutras demonstrações de crítica literária, esbatia à partida o efeito bombástico de «atentado» a uma tradição poética que a audiência desde cedo se habituara a venerar.

De resto apesar de todo o formalismo que impregnava os juízos sofísticos em matéria literária, é dificil dizer até que ponto os critérios definitivos de qualidade se revelavam autónomos de uma ética tradicional, em que a noção de *kalos* se interpenetra ou mesmo invade o campo de *agathos*. Assim sucede, por exemplo, na pitoresca leitura de um poema de Simónides (*Protágoras* 339a-347a), cuja interpretação o sofista e Sócrates disputam, à conta dos termos «ser» ou «tornar-se» (bom, *agathos*) [41].

---

[40] Aristóteles, *Refutações sofísticas* 173b 17. Cf. *Poética* 1456b 15, onde se comenta (e rejeita) outra crítica de teor idêntico para o primeiro verso da *Ilíada:* o uso do imperativo em vez de uma fórmula de prece, quando o poeta invoca a deusa («Canta-me, ó deusa, a cólera destruidora do Pelida Aquiles...»).

[41] Embora esteja de facto em causa a aparente (ou real) contradição de Simónides, o próprio tema da poesia – a *arete* «virtude» ou «excelência» – torna difícil distinguir aqui até que ponto os juízos de qualidade estética se interpenetram com uma apreciação positiva ou negativa da sua mensagem (embora essa ambiguidade se note sobretudo da parte da argumentação de Sócrates). Para uma referência pormenorizada aos hábitos sofísticos de análise, tanto da parte de Protágoras como de Sócrates, na disputa em torno do referido poema, vide R. Pfeiffer, *op. cit.*, pp. 32-36.

Mas é sobretudo a paródia de concurso trágico, montada com inigualável requinte n'*As Rãs* de Aristófanes, que melhor sugere essa ambiguidade. Afastado voluntariamente o vencedor consensual (Sófocles), os dois trágicos mais polémicos, Ésquilo e Eurípides, travam no Hades uma luta sem quartel pela posse do trono reservado ao que se revelar o primeiro dos trágicos. Se os preciosismos de crítica literária parecem confirmar Eurípides como o artista *sophos,* privilegiado no início da peça pelos deus Dioniso, é Ésquilo que no fim sai triunfante, em função de um conceito de *poetes* «poeta» que o próprio Eurípides (mal-grado as imoralidades que lhe são assacadas...) não se exime a definir: «tornar melhores os cidadãos» [42].

É neste contexto que o *Hípias Menor* se revela um precioso testemunho epocal. Desde logo, pela temática homérica que ocupa grande parte do diálogo, ou seja, a caracterização (e o confronto) dos dois principais heróis homéricos, Aquiles e Ulisses.

As gerações posteriores a Homero foram vivendo e recriando a seu modo os dois paradigmas de herói que a *Ilíada* e a *Odisseia,* respectivamente, lhes ofereciam. Pode dizer-se que, em todas as épocas da cultura grega, mas em especial no séc. V a.C., esse confronto constituiria *topos* obrigatório nos debates, por vezes apaixonados, entre «leigos» e «não leigos» sobre Homero. Qual dos heróis é superior? E qual dos poemas que os representam se deve considerar «mais belo» *(kallion)*? O *Hípias Menor* dá-nos, com saborosa ironia, o sentir tradicionalista que alimentava estas, como outras, rudimentares discussões estéticas, e de que Apemanto, o pai de Êudico, não é senão um dos muitos casos exemplares: segundo a sua opinião (referida por Sócrates, 363b), a *Ilíada* seria exactamente um poema mais belo do que a *Odisseia,* na medida em que também o seu herói Aquiles era melhor, ou superior *(ameinon),* a Ulisses.

---

[42] V. 1009 sq. As cores negativas que na peça incidem sobre Eurípides e a sua arte têm sobretudo a ver com o projecto caricatural do comediógrafo que, aliás, também não poupa Ésquilo. A paródia d'*As Rãs* iguala-os de facto em mérito, como o atesta o veredicto de Dioniso no v. 1413:. «um, acho-o talentoso *(sophos),* o outro caiu-me no goto». Daí o posterior teste «político», que trará finalmente o desempate a favor de Ésquilo. Para um desenvolvimento desta linha interpretativa, e provável identificação (que a peça deixa ambígua) do *sophos* a Eurípides, veja-se Maria de Fátima Silva, *op. cit.,* esp. pp. 292-300, que inclui a tradução do verso citado.

Eis, pois, lançado o tema do debate, que irá prosseguir através da análise das figuras centrais dos dois poemas.

A primeira surpresa do diálogo é provavelmente o facto de ser um «perito» em poesia, como Hípias (além do mais, amante da novidade, *kainon ti* – vide Xenofonte, *Memoráveis* 4.4.6), a sancionar um juízo tão convencional quanto aquele que Sócrates atribui a Apemanto. A distinção entre um Ulisses astucioso e traiçoeiro, e um Aquiles corajoso e leal, tem já muito menos a ver com o texto homérico do que com toda uma ambiência social e literária que, desde os *Poemas Cíclicos,* aposta na desvalorização de Ulisses. O símbolo do herói prudente, que apela mais à inteligência do que à força (*polymetis* «prudente», *polymechanos* «dos mil artifícios» e *polytropos*), que leva os Gregos a vencer graças ao ardil do cavalo de pau, acaba por assumir, com o decorrer dos tempos, todos os traços negativos do anti-herói, cobarde e insidioso. Inútil insistir nas vicissitudes sociais e políticas que influiram nesta transformação. O séc. V a.C. consagra-a, de forma inesquecível, através do seu expoente máximo de realização ideológica e estética – a tragédia.

Exceptuando o *Ájax* de Sófocles (onde o protagonista da *Odisseia* não deixa de revestir certa dignidade ética), as peças de Eurípides divulgam, aqui e além, a imagem de um Ulisses vilão e odiado que se repercute em plenitude no *Filoctetes* de Sófocles. Ulisses não incarna aí apenas uma pragmática assente na cobardia e no dolo (trata-se de persuadir Filoctetes, através de embustes e mentiras, a embarcar, com o seu arco miraculoso, no navio que o levará a Tróia), como ainda o mentor corrupto de um jovem maleável, sem protecção ainda contra os falsos valores que ameaçam a sua verdadeira natureza, directa e leal – Neoptólemo, filho de Aquiles. O contacto com Filoctetes traz à luz o fundo de aversão à mentira e à deslealdade que caracteriza Neoptólemo, prolongando, de algum modo, o tradicional debate entre as figuras de Aquiles e de Ulisses [43].

---

[43] O encargo de trazer Filoctetes (herói grego abandonado numa ilha devida a uma chaga incurável) é atribuída na *Pequena Ilíada* a Diomedes. Não deixa de ser significativo que a tragédia altere os dados, fazendo recair essa antipática tarefa sobre Ulisses. Ésquilo foi provavelmente neste ponto o inovador, com um *Filoctetes* de que nos restam escassos fragmentos. Sobre essa inovação e seu significado veja-se J. Ribeiro Ferreira, «O mito de Filoctetes e inovações de Sófocles» in *Estudos sobre o Filoctetes,* Lisboa, 1989, pp. 9-14 e bibliografia aí citada. A actuação da figura de Ulisses na peça de Sófocles como reflexo da degeneração de valores sociais e éticos, que em plena Guerra do Peloponeso foram minando os conceitos de democracia e de «bem comum» em estreita associação com o magistério sofístico, é analisada na mesma obra, pp. 51-73 (= «O significado da

Este, o enquadramento literário e vivencial que sustenta o confronto entre os dois heróis, nos termos em que Hípias o reproduz. Mas será ele defensável à luz dos textos homéricos e da intenção do poeta? A originalidade do *Hípias Menor* reside em grande parte na tentativa de ultrapassar ideias feitas e juízos preconceituosos, através da inquirição assente nos próprios textos. Pesquisa que vai assumindo já foros de uma crítica literária autónoma quando a pergunta básica se estrutura – pelo menos na aparência – segundo um único móbil: «qual a intenção do poeta?» (364e, 365bc).

É a perplexidade de Sócrates a respeito de *polytropos* que vem despoletar a análise textual/interpretativa. Trata-se, indubitavelmente, de um dos termos mais controversos e incómodos de definir, quer pelo sensível desfasamento linguístico que comporta a esta época, quer pela raíz de ambiguidade, presente já em Homero. Acresce ainda que, do seu aparecimento no primeiro verso da *Odisseia* como epíteto exclusivo de Ulisses, decorre uma imagem do protagonista que marcará em princípio todo o poema, remetendo-nos para a questão vital da sua *coerência* e *intencionalidade*. Esse problema é já de algum modo discernível nas dúvidas que Sócrates levanta sobre o valor positivo ou negativo do epíteto («diz-me lá... então, na concepção de Homero, Aquiles não era ardiloso?» *polytropos,* 364e). Mas Hípias não sabe – ou não está disposto – a ir além da equação simplista e tradicional de *polytropos* a *polymechanos* «dos mil artifícios», agravada ainda pela carga pejorativa que a sua explicitação, em termos de «ardis e mentiras», vem provocar.

Não menos convencional é a alegação dos versos da embaixada a Aquiles e onde, segundo Hípias, Homero deixa consignado o abismo que separa os dois heróis em matérias de carácter: o primeiro, norteado pelo propósito de verdade e da franqueza; o segundo, pelo da mentira e da duplicidade (365b, passim). Resumindo, temos, pois, uma caracterização tradicional, que, embora defendida na base de um papel que alegadamente o seu autor lhe destinaria, não radica menos na interpretação precária, não reflectida, do termo *polytropos*.

Curiosamente, os sofistas não perfilhavam todos este simplismo de visão. Como poderia o significado depreciativo de *polytropos* ajustar-se à intenção do poeta a quem cabe, naturalmente, louvar o seu herói? A

---

figura de Ulisses», *Humanitas* 31-32 [1979-1980] 115-139). De notar a coincidência de traços negativos entre o Ulisses do *Filoctetes* e aquele que Hípias veicula no diálogo platónico, esp. pp. 54-57, bem como a distorção das noções de *sophos* e de *agathos* que se lhe associam: pp. 61-71.

questão percorre diversos tratados sofísticos sobre Homero, de que nos chegaram quase só notícia. Mas, desde prováveis tentativas de correcção textual de *polytropos* a outras de interpretação [44], houve certamente propostas originais e variadas, destacando-se, pelo seu carácter engenhoso, a de Antístenes, discípulo de Górgias e depois de Sócrates. Os escólios ao verso 1.1 da *Odisseia* reproduzem a sua interpretação do referido epíteto, com base no uso, não apenas comportamental, mas também estilístico, de *tropos*. O Ulisses *polytropos* (em oposição a Aquiles *haplous* «simples», «directo») não significará o homem moralmente dúplice, mas sim aquele que é capaz de usar diversas atitudes e linguagens *(tropoi)* consoante as circunstâncias e os auditores a quem se dirige. Um mestre, pois, da arte de falar (e conviver...), a quem se não recusam os qualificativos de *agathos* e de *sophos,* que veremos também, numa coincidência várias vezes assinalada, ecoarem na imagem socrática que o *Hípias Menor* apresenta de Ulisses [45].

Por especulativa e anacrónica que se nos afigure esta interpretação de Antístenes (com reconhecido débito aos sofistas e talvez ao próprio Sócrates), não pode irrelevar-se o seu mérito principal: a procura de um

---

[44] Vide A. Rostagni, «Un nuovo capitolo della retorica e della sofistica» in *Scritti Minori. 'Aesthetica',* Torino, 1955, p. 4 n. 4, com remissão para Wilamowitz, *op. cit.*, p. 134 e para os *Berliner Klassikertexte* V 1, p. 29. Cf. F. Buffière, *Les mythes dHomére dans la pensée grecque,* Paris, 1956, p. 367: «a polémica sobre Ulisses estava mais ou menos centrada, ao tempo de Platão, neste adjectivo equívoco» (apud P. Vicaire, *Platon, critique littéraire,* Paris, 1960, p. 21, n. 1).

Do longo comentário de Eustátio deduz-se, de facto, um bom número de sugestões, quer ao nível interpretativo quer ao nível textual, que deverão remontar, pelo menos em parte, aos sofistas. Uma das referidas é a substituição de *polytropos* por *polykrotos,* «dos mil ecos (ou ruídos)», que aparece também como variante num escólio das *Nuvens* ao v. 260. O provável suporte desta variante seria o *Catálogo das heroínas* de Hesíodo, onde os pensamentos de Ulisses são qualificados de *polykrota* (fr. 198,3 Merkelbacn-West, apud Omero, *Odissea* vol. 1, a cura di A. Henbeck e S. West, trad. de G. A. Privitera, Milano, 1981, p. 182). Mas já Eustátio nota o desajuste de tal variante, surgida provavelmente num contexto paródico (Cf. *Eustathii Commentarii ad Homeri Odysseam,* 1341. 48-68), não sem ligação com o «falar como castanholas» *(legein krotalon)* que nas *Nuvens* define o ideal de orador atribuído a Sócrates (v. 260).

[45] Cf. Rostagni, *op. cit.,* pp. 58, onde o passo de Antístenes em questão é traduzido e analisado (fr. 51 Caizzi) e H. Thesleff, *Chronology,* pp. 221, que interpreta o *Hípias Menor* como reflexo ou paródia às posições de Antístenes, conjecturando a data da sua composição entre 375-370 a.C.. Neste problema de «quem influenciou quem» estamos mais próximos da opinião de Rostagni: não é possível estabelecer uma prioridade de obras ou autores, «já que ambos entroncam em lugares comuns». Em abono desta asserção joga a simpatia com que o Sócrates histórico parece distinguir a figura de Ulisses: cf. infra, p. 46 n. 52.

valor positivo para o epíteto em causa, sem o qual resultaria inconsequente o carácter de «herói» que a leitura despreconcebida dos poemas, em particular da *Odisseia,* deixa entrever na concepção do seu autor. Esse é também, de alguma forma, o sentimento que marca a disputa literária do *Hípias Menor.* Ao reabilitar um Ulisses rebaixado, reduzido ao *status* de mentiroso e mesmo traiçoeiro (*doleros,* 369c), Sócrates não procura apenas fazer valer a sua superioridade dialéctica sobre o adversário; há na sua defesa (apesar de óbvios motivos extraliterários, e nem sempre ortodoxos) uma genuína percepção de *intencionalidade literária* que procura equilibrar a caracterização dos dois heróis enquanto heróis. A lição – que o sofista não entende – é subtilmente insinuada quando se contrapõe, a um Ulisses mentiroso, um Aquiles também mentiroso: «É esta perplexidade [i.e. que Aquiles mente] que me faz perguntar-te desde início qual dos dois heróis Homero caracteriza como sendo o melhor. A meu ver, ambos são excelentes (*aristo,* dual) e é difícil avaliar se um excede o outro em matéria de mentira, de verdade ou de qualquer outra forma de excelência» (370d-e). Por outras palavras, Sócrates reage às ideias feitas que o sofista acabara de exprimir, em nome de uma leitura despreconcebida dos poemas que nos devolva, inteira, a intenção do autor.

Certo que essa intenção não é um alvo tão visível quanto a análise dogmática dos textos desejaria pré-estabelecer. Há, nesse sentido, uma primeira tentativa de Sócrates de contornar a questão e afastar dela Homero, «dado que não nos é possível perguntar-lhe o que é que ele tinha em mente» (365c-d). Mas trata-se de uma falsa saída. O excurso sobre verdade e mentira (365d-369a) em breve nos remete para o problema inicial da caracterização dos dois heróis e, com ela, para o inevitável teste de coerência, que passa ao fio alguns textos considerados decisivos.

Entramos com isto em pleno terreno sofístico da crítica literária, mas na feição particular que os seus grandes intérpretes – Aristófanes e Platão – souberam dar-lhe: a paródia. Com habilitações diferentes, é certo. A análise de aspectos formais, que chega n'*As Rãs* ao apuro da «régua e do esquadro», na medição dos versos de Ésquilo, está aqui ausente. Em compensação, a análise textual/interpretativa leva mais longe do que nunca (pelo menos em Platão) os requintes sofísticos de exploração dos textos.

Repete-se, na caracterização dos dois heróis, a situação paródica das *Rãs* – Ésquilo *versus* Eurípides. O ponto de partida, na peça de Aristófanes, é um dramaturgo dotado de amplo prestígio moral, já pela sua qualidade de «guerreiro de Maratona», já pela grandiosidade épica do seu estilo e das suas personagens, verdadeiro modelo de como «tornar os homens melhores». Não por acaso se associa a Ésquilo a figura do «ilustre Aquiles» dos *Mirmidões:* o seu criador é também a imagem do herói sem mácula da *Ilíada,* corajoso e incapaz de engano, que inspirou gerações de gregos no passado [46]. Eurípides, o «educador» moderno, representa, pelo contrário, o artista *sophos* «hábil» que opera através do dolo e do *sophisma* «recurso artificioso» e se caracteriza, tal como o Ulisses *polytropos* que Hípias nos revela, tanto pela sua *panourgia* («malícia» ou «falta de escrúpulos»), como pela sua vocação para a «intriga» *(to technazein).* Nada falta a esta subtil reprodução paródica d'*As Rãs* no *Hípias Menor,* que desde logo elimina também a personagem incontroversa (Nestor, «o mais sábio dos homens»), do mesmo modo que em Aristófanes Sófocles cede gentilmente os seus direitos ao trono trágico, afastando-se da contenda (cf. *As Rãs* 788-790 e *Hípias Menor* 364e).

O aproveitamento não convencional dos textos é, numa como noutra obra, o grande trunfo a ser utilizado.

Demonstrado que o mesmo homem que mente é o que diz a verdade, o labor de Sócrates incide na desmontagem do episódio homérico, de que Hípias citara alguns versos, para alargar a sua conclusão «universal» à caracterização de ambos os heróis. Tanto a cena da embaixada como o passo do canto I da *Ilíada,* onde Aquiles declara perante Agamémnon e todo o exército que irá regressar a Ftia, comprovam afinal para este último (alega Sócrates) um papel bem diferente daquele que Hípias lhe atribuíra. Longe de «simples» e «verdadeiro», é o exemplo acabado do *polytropos* (370a, cf. 364e): falsidades, trapacices *(alazoneias),* pretensão de campear em intrigas e mentiras *(to technazein, to pseudesthai),* tudo isso nos mostra, em termos muito próximos da comédia aristofânica, a reversão paródica dos papéis antes definidos, e de que Aquiles é, no *Hípias Menor,*

---

[46] *As Rãs,* vv. 992 sqq. Para um contraste de temas e concepções trágicas, perspectivado a esta luz, vide Maria de Fátima Silva, *op. cit.*, pp. 178-229. Note-se ainda a coincidência de termos caracterizadores de Eurípides n'*As Rãs* e de Ulisses no *Hípias Menor,* extensiva à própria imagem caricatural de Sócrates n'*As Nuvens.* Os malefícios do magistério «novo», que um Sócrates ardiloso e sofista aí incarna, identificam-se aos de Eurípides (apresentado já num esboço de oposição a Ésquilo, vv. 1365 sqq.). A identificação não é certamente ocasional: referências à amizade e ao apreço pelo tragediógrafo (e até a uma hipotética colaboração nas peças) não faltam em diversos fragmentos cómicos que nos chegam. Veja-se discussão na obra atrás citada., pp. 305-306.

a primeira e principal vítima. Não diferentemente, demonstrará Eurípides n'*As Rãs* a fanfarronice *(alazoneia)*, a fraude ou engano *(apate)* que se acobertam em Ésquilo sob o estilo e as personagens, apenas aparentemente nobres, das suas peças. Mas enquanto na peça aristofânica tais qualificativos visam, antes de mais, o «falhanço literário» do autor da *Oresteia* (acusação sempre suspeita na boca do inimigo...), no *Hípias Menor* é como ataque de personalidade a Aquiles que deverão ser entendidos, sem lugar para a «mudança de opinião», muito menos, baseada na «boa-fé» *(euetheia)* com que Hípias pretende justificar o seu herói [47].

Vamos mesmo mais longe nesta óptica de leitura que Sócrates desenvolve: «boa-fé» não será, pelo contrário, a atitude característica de Ulisses, ao acolher, sem reservas nem desconfiança, as contradições e os embustes em que o seu interlocutor o enreda? Além do mais, porquê esse epíteto de *polytropos*´ (aceitando a explicitação proposta por Hípias...) quando «em parte alguma o vemos a mentir» (370a)? Suprema malícia por parte de Sócrates já que, se a observação é correcta para a *Ilíada*, de modo nenhum o é – por nobres que sejam as justificações – para a *Odisseia*.

Mas o sofista perdeu já toda a presença de espírito. Com este ataque acérrimo ao seu herói, fica incapaz de rebater a nova ordem de caracterização proposta (ou melhor: imposta...) por Sócrates. Nenhum passo é alegado para demonstrar uma mudança de opinião por parte de Aquiles (e poderia sê-lo o discurso de Fénix, logo a seguir ao de Ulisses, que comove de facto o herói) ou tão-pouco para exibir o carácter efectivo do *polytropos*, nos termos que se convencionaram para Ulisses [48].

Assim, a disputa literária vai abdicando da sua componente erística, por desistência (ou insuficiência) de Hípias em objectar às imagens contraditórias que Sócrates colhe dos dois heróis – não sem arbitrariedade – no próprio terreno homérico. Único sinal de vida: a insistência quase

---

[47] Remetemos uma vez mais para a obra citada na nota anterior, pp. 191 e esp. 308-310, onde a *alazoneia* e a *apate* de Ésquilo (cf. *As Rãs*, 909-910) sobressaem como contraponto negativo da *apate* («fingimento poético») que fundamenta a concepção gorgiânica de tragédia.

[48] Vide *Ilíada* 9.616-619 onde Aquiles vai a ponto de oferecer ao seu antigo preceptor metade das suas honras e do seu poder. Se Fénix aceitar, no dia seguinte deliberarão ambos se devem ou não partir. Quanto à *Odisseia*, os exemplos de recurso à mentira – ainda que justificados pelas circunstâncias... – são tão abundantes que Hípias não teria senão que citar ao acaso (note-se, no entanto, a existência de passos em que a qualidade de *alethes* sobressai como traço genuíno: *e.g.* 7.297).

mecânica nas ideias feitas sobre Ulisses ou sobre o carácter involuntário das «mentiras» (finalmente reconhecidas...) de Aquiles. Atitude, de resto, não muito diversa das exclamações em refrão com que Ésquilo, n'*As Rãs*, acolhe a citação de alguns prólogos euripidianos, esvaziando-as de qualquer intuito crítico: «lá perdeu ele a sua anforazeca...» [49]

De notar, contudo, que a crítica literária, para a qual o *Hípias Maior* se abre, comporta também, por razões tácticas ou estratégicas, a maleabilidade perante diversas situações ou interpretações possíveis. Sócrates não se fecha na reversão paródica aonde o conduziu a sua polémica análise dos dois heróis e dá por fim a «deixa» às posições do sofista. Mas é certo também que o sofista não irá lucrar com esta aparente cedência: se aceitarmos de facto que Aquiles mente «sem querer e Ulisses «por querer», então a superioridade deste último está mais do que assegurada. As noções de *dynatos, agathos, sophos* vêm ajudar a compor a nova imagem defendida por Sócrates que, embora se não isente de ambiguidade ética, salvaguarda ainda, ao âmbito da crítica literária, a coerência homérica. E esta consiste justamente em distinguir *polytropos* como marca de superioridade, à altura do carácter genuino de «herói» que a *Ilíada* e sobretudo a *Odisseia* associam à figura de Ulisses.

Se, do ponto de vista literário, o triunfo do *polytropos* assinala um desfecho diferente d'*As Rãs*, as razões estão em grande parte na quase independência do plano ético que a condução dos argumentos e a análise dos textos pressupõe [50]. Tudo o que se procura em Homero é uma

---

[49] Vv. 1202-1204 sqq.. A intenção de Ésquilo não tem exacta simetria com a atitude do sofista no *Hípias Menor:* trata-se de frisar, pela repetição e pela banalidade do termo *lekythion* (pequeno recipiente de gargalo estreito, onde se transportava o óleo para as massagens), a monotonia formal dos prólogos de Eurípides. Mas os subentendidos que o termo comporta permitem talvez uma aproximação mais subtil das duas figuras, quando, entre os vários artefactos alegadamente produzidos pelo sofista e recordados como prova da sua versatilidade, Sócrates enumera justamente a raspadeira e... o lécito (368c-d, cf. n. 16 à tradução).

[50] Este é um dos pontos acentuados por P. Vicaire na sua apreciação da matéria literária do diálogo (*op. cit.*, pp. 21-23, esp. p. 22). Discordamos, todavia, do simplismo com que o intuito de crítica literária é minimizado no diálogo e reduzido a mero pretexto de discussão dialéctica. Como cremos também que só muito remotamente se poderá ver, no balanço negativo do diálogo, «um sinal de que a poesia, na medida em que foi utilizada, revela a sua impotência para esclarecer seja o que for» (p.23): os paradoxos do *Hípias Menor* não têm como ponto de partida exclusivo a matéria literária, mas ainda as contradições que a realidade humana quotidianamente tece, obscurecendo o sentido das suas normas ideais. Por esse aspecto, as figuras de Aquiles e Ulisses poderão antes tomar-se como símbolos vivos dessas contradições.

coerência estética, autónoma de valores morais: o autor não passa aqui de uma entidade abstracta a quem se não pede conta dos seus textos ou das suas criações. Nenhuma crítica, das que encontramos n'*As Rãs* ou mais tarde na *República* de Platão (para citar um exemplo máximo), atinge o poeta por ter criado tal ou tal personagem, ou por lhe ter atribuído atitudes ou sentimentos considerados menos dignos.

O uso – incipiente embora – de termos ligados à crítica literária confirma esta autonomia entre o texto e o seu autor. De salientar, particularmente, o recurso quase sistemático do perfeito (valor aspectual de presente) do v. *poieo* «fazer», «criar» «caracterizar» (uma personagem), em alternância com o presente *phainomai* «aparecer»: as personagens «são (estão) caracterizadas» *(pepoientai)* ou «aparecem-nos» *(phainontai)* desta ou daquela maneira, sem que a sua apreciação moral se vincule à pessoa do seu criador; interessa, sobretudo, se o plano em que foram trabalhadas, e em que ficaram gravadas no texto, se reveste ou não de coerência [51].

Para além de outros móbeis (filosóficos, psicológicos), implícitos na condução da análise, este distanciamento intencional, que a linguagem crítica admiravelmente corrobora, faz assim do *Hípias Menor* um modelo de crítica literária nos seus primórdios – mesmo se, por detrás dele, se adivinha a troça às ideias feitas e aos lugares comuns, ou a simpatia confessada de Sócrates por um Ulisses que, em oposição a Aquiles, por diversas vezes surge em Xenofonte ou em Platão como modelo a reflectir e a imitar [52].

---

[51] Na listagem de ocorrências de *poiein* «fazer», «fabricar», ligadas à criação poética, que P. Vicaire elaborou, surge uma única excepção ao uso do perfeito: o presente *poiei* em 364e (cf. *Recherches sur les mots désignant la poésie, et le poète dans l'oeuvre de Platon*, Paris, 1964, p.15). Na *República*, esp. nos livros II e III (cf. *op. cit.*, pp. 68-72), esse uso é esbatido pelas características exortativas ou imperativas, a que Sócrates sujeita aí as suas análises e considerações sobre a poesia. Mas há também, na linha do *Hípias Menor* – e igualmente do *Protágoras* –, exemplos de perfeito alternando com o presente. Um uso do aoristo («representou Aquiles a chorar e a lamentar-se...») acentua concretamente (tal como o «deve» ou «não deve») a responsabilidade moral do autor nas suas criações.

Quanto a *phainesthai* «aparecer», o termo não tem sido assinalado ao âmbito da crítica e da análise literária. Mas a sua equivalência ao perfeito passivo de *poiein* é clara em ocorrências do *Hípias Menor* (cf. 370a, 370d e, com maior ambiguidade, 370e, 371a), sublinhando mais fortemente ainda a independência do texto e das suas personagens relativamente à pessoa do seu autor. À primeira vista, este uso do termo é, no diálogo, original, mas só um estudo mais amplo da linguagem estética do séc. V a.C. (até onde os textos o permitem...) poderá confirmar ou infirmar a hipótese.

[52] Xenofonte refere, entre outras acusações de corrupção feitas a Sócrates, a de utilizar

O Tema

> Eis o que me disseram, dirigindo-se a mim, as deusas
> Musas do Olimpo, filhas de Zeus detentor da égide:
> «Pastores que habitais os campos, triste vergonha, que só tendes
> [estômago!
> Nós sabemos dizer muitas falsidades, que se parecem com a verdade;
> mas também, quando queremos, proclamamos verdades.»
>
> (Hesíodo, *Teogonia* 24-28, trad. de M. H. Rocha Pereira)

Nenhum grego deixaria, por certo, de ter presente esta enigmática mensagem que as Musas trouxeram um dia aos pastores do Hélicon, através do seu intérprete privilegiado – Hesíodo. Mensagem enigmática, porquanto as «verídicas» (*artiepeiai,* v. 29) [53] filhas de Zeus não vêm apregoar nenhum virtuoso zelo de contar os factos «como são, como serão e como foram», (cf. *Ilíada* 1.70); a sua essência de inspiradoras da poesia situa-se para além da realidade referencial que constitui a matéria poética e que elas manejam a seu bel-prazer pela mentira *(pseudos)* ou pela verdade *(aletheia).*

Com esta revelação das Musas começa a quebrar-se a associação instintiva poesia/verdade, que os Poemas Homéricos tomavam por inabalável – e continuará a sê-lo para gerações sucessivas de poetas «inspirados». Hesíodo pertence, sem dúvida, a esse número de eleitos; porém, num plano de clarividência em que, guiado pelas Musas, lhe é dado discernir quando elas dizem «mentiras semelhantes à realidade» *(homoia etymoisin)* ou quando, pelo contrário, «proclamam verdades». Sob este jogo ambíguo, que pode cobrir um duplo logro, oculta-se a circunstância, de todo imprevista, quer para o intérprete quer para os

---

o Ulisses homérico numa perspectiva não apenas imoral, mas lesiva da democracia, como em *Ilíada* 2.188-191 e 198-202: vide *Memoráveis* 1.2.58-61. Refutando a acusação, alega o autor mais adiante (1.3.67) que as referências de Sócrates a Ulisses incidiam unicamente sobre os aspectos positivos do herói, em particular a sua temperança e a sua resistência à adversidade (*e.g.*, *Odisseia* 10.239). Curioso notar que este é também o traço relevado pelo Sócrates platónico da *República* (*e.g.*, 390d), que deixa, aliás, intocada a figura de Ulisses, por oposição a inúmeros passos onde a imagem homérica de Aquiles é veementemente repudiada (vide em especial 386c, 388ab, 389e, 390e, 391a-c).

[53] *Artiepeiai,* etimologicamente, «de palavras hábeis ou rectas». O seu valor subjectivo de «verídicas», «sinceras», começa a partir de Hesíodo e projecta-se na poesia subsequente. É obscuro até que ponto a sua formação é reminiscente do masc. *artiepes,* hápax que surge em Homero num contexto negativo, aplicado a Aquiles: vide infra, p. 52 n. 62.

seus ouvintes: o *querer* das Musas («mas quando queremos, também proclamamos verdades»).

Tem razão Pucci ao acentuar que «o querer» das Musas é o *locus* da verdade [54]. Mas, sem dúvida, o é também da mentira: despojemos Hesíodo da sua qualidade sagrada de intérprete e reconheceremos sem custo o poeta de que fala Nietzsche muitos séculos mais tarde, em tons estranhamente próximos do *Hípias Menor:*

> O poeta capaz de mentir
> Conscientemente, voluntariamente,
> Só ele é capaz de dizer a verdade.
>
> *(Os Maus)* [55]

Inútil e dispersivo seria trazer à colação as múltiplas e complexas relações que os primitivos conceitos de «verdade» e de «mentira» revestiam na aurora mítica do pensamento grego. A distância que comportam já à época de Sócrates e de Platão é bem visível na antinomia que se concentra nos termos *pseudes* e *alethes,* e que a análise linguística e conceptual não autoriza para a época arcaica [56]. No entanto, entre termos

---

[54] *Hesiod and the Languag of Poetry,* London, 1977, p. 13. Para a ambiguidade subjacente aos conceitos de verdade e de mentira em Hesíodo veja-se em especial o cap. I, «The true and false discourse in Hesiod», pp. 8-42.

[55] A tradução apresentada é de Jorge de Sena, no estudo «O poeta é um fingidor», que dá o nome à colectânea homónima, publicada em 1961 na editora Ática, pp. 21-60 (= *Obras completas de Jorge de Sena. Fernando Pessoa & C.ª Heterónima,* Edições 70, Lisboa, ²1984, pp. 119-143). Os referidos versos são ponto de partida para uma análise histórico-cultural da conhecida «arte poética» de Pessoa: «O poeta é um fingidor./ Finge tão completamente/ Que chega a fingir que é dor/ A dor que deveras sente.»

Se bem que aplicados à pessoa do poeta, os versos traduzidos de Nietzsche reflectem uma influência nítida do *Hípias Menor,* inserindo-se provavelmente numa linha antisocrática em que, de resto, vários comentadores, sobretudo do séc. XIX, situaram o diálogo platónico (cf. supra, p. 10). Mas tanto Nietzsche como Pessoa – não obstante as diferenças que J. de Sena tem o cuidado de assinalar – se situam numa tradição mais antiga, que tem o seu início no «discurso verdadeiro e falso» em Hesíodo. Sobre essa aproximação, veja-se o nosso estudo «À volta do poeta fingidor», *Biblos* 52 (1976), esp. pp. 366-367 e 378-379 e ainda, para o conflito entre verdade/ mentira nas concepções estéticas dos gregos, M. H. Rocha Pereira, «O conceito de poesia na Grécia arcaica», *Humanitas* 13-14 (1962) 336-357.

[56] Efectivamente, a expressão de «verdade» e de «mentira» é mais variada nas suas *nuances,* nos seus paralelos e oposições linguísticas, do que a época clássica. De notar, em especial, a noção de *alethes* como oposta a *lethe* «esquecimento» ou «ocultação»,

significativos que se foram perdendo, entre formas de apreensão que se transmudaram ou evoluiram, algo da sua raíz mítica permanece na reflexão vivencial e linguística que percorre todo o *Hípias Menor* (e, com ele, toda a teoria grega da linguagem).

A mensagem das Musas a Hesíodo, embora com o seu simbolismo restrito ao mundo poético (mas não será ainda dele que nos falam os heróis homéricos do diálogo?), confirma assim um ponto referencial em que a ambiguidade, a interpenetração e mesmo a coexistência de valores reforçam a duplicidade de um real elusivo, tanto na sua natureza como nas imagens particularizantes que cada um entende dar-lhe [57].

Mas, do mundo da «palavra mítica» ao mundo «laicizado» do séc. V a.C. (expressão de Détienne) [58], a que transformações políticas, culturais e sociais vieram dar cunho predominantemente racional, talvez a atitude do homem comum não tenha sofrido modificações essenciais. Sócrates veste-lhe conscientemente a pele: «quando me confronto com a realidade dos factos, aí estou eu na berlinda (*ton pragmaton... esphalmai*, 372b), não sei como avaliá-los!».

---

que ainda encontra ecos em diversos jogos etimológicos e conceituais da época clássica. Dessa oposição etimológica se aproveita Heidegger na sua interpretação de «verdade» e «Ser» como «não-ocultação»: vide comentário na edição mais recente de Friedländer (de início, totalmente refractário às teses de Heidegger) em *Plato I. An Introduction*, pp. 221-229.

Relativamente a outros termos desaparecidos (*etymos, eteos, etetymos, etymos*, normalmente fundindo noções de verdade e de realidade) é especialmente útil a obra de J. P. Levêt, *Le vrai et le faux dans la pensée archaïque grecque*, Paris, 1976. Cf., para a sua lenta absorção pelo termo *alethes*, W. Luther, «Der frühgriechische Wahrheitsgedanke im Lichte der Sprache», *Gymnasium* 65 (1958) 75-107 e T. Krischer, «*Etymos* und *alethes*», *Philologus* 109 (1965) 161-174.

[57] Embora com alguma sofistificação argumentativa, este é um dos aspectos mais sugestivamente discutidos por Pucci, *op. cit.*, esp. pp. 10-16. Cf. M. Détienne e a sua análise da «ambiguidade da palavra» (a que remetem grande parte das reflexões de Pucci) em *Les maîtres de vérité dans la Grèce ancienne*, Paris, 1981, pp. 51-80, especialmente a conclusão inserta nas páginas 77-78: «no pensamento mítico, os contrários são complementares». Na mesma linha de análise, aduza-se a curiosa observação de O. Paz sobre a linguagem tântrica, em *Conjunciones y disjunciones*, México, 1969, p. 70: «o pressuposto básico do tantrismo é a abolição dos contrários – sem suprimi-los; esse postulado leva-o a outro: a mobilidade dos significados, o contínuo vaivém dos signos e dos seus sentidos» (apud J. A. Seabra, «Em torno e retorno das Novas Poesias Inéditas de Fernando Pessoa», *Colóquio/ Letras* 20 [Julho de 1974] 37-38).

[58] *Op. cit.*, p. 100.

Para Hesíodo havia uma resposta pronta embora, é certo, ambígua: a revelação das Musas, que reuniam em si o poder de «mentir» ou de «dizer a verdade». Mas só podemos abranger plenamente o sentido dessa resposta se entendermos por «mentira» *(pseudos)* a capacidade de simular, através da palavra, factos semelhantes à realidade. Esse, também, o valor essencialmente homérico de *pseudos* que as Musas, detentoras da verdade, plagiam ao Ulisses da *Odisseia* (19.203): «sabia contar mentiras (=falsidades) semelhantes à realidade». A mentira – tradução inadequada de pseudos – define-se sobretudo como um engano *(apate, dolos)* em que a realidade entra no jogo como uma segunda natureza da palavra.

Alethes e *pseudes* encontram-se, pois, unificados nesse conhecimento transcendente que pertence, por direito próprio, à divindade, ao rei ou ao herói [59]. A eles compete, junto dos outros, interpretar e transmitir (como omitir ou falsear...) os factos, de acordo com um plano de eficácia que define a sua ciência da vida e do êxito. *Metis* «inteligência», «sabedoria» é a qualidade todo-poderosa que revela, neste contexto, a superioridade do homem ou do herói, face aos obstáculos que se lhe deparam. Por isso, no mundo homérico, ela é *pantoie* «multimoda» [60], contém em si a plenitude de recursos do *polytropos* e a dupla potencialidade de expressão da verdade ou do engano, que o termo *phronesis* «inteligência», associado a *panourgia* «malícia», prolonga no *Hípias Menor* (365e, cf. 368e).

Este excurso pelas Musas de Hesíodo e a sua ligação à *metis* homérica parece-nos imprescindível para enquadrar os sucessivos paradoxos do diálogo. Sem isentarmos Sócrates dos desvios sofísticos a que sujeita as noções laicizadas de *alethes* e de *pseudes* e o seu moralismo simplista, não podemos abstrair, das conclusões contraditórias que abalam o *Hípias Menor*, esse mundo mítico apreendido em Homero e em Hesíodo e onde, na expressão feliz de Détienne, «o mestre da verdade é o mestre do engano» [61]. É certo que o facto não se confirma inteiramente em Aquiles,

---

[59] *Op. cit.*, p. 73.
[60] *Ilíada* 23.314. Esta qualidade multimoda de *metis* é lembrada por Nestor a seu filho Antíloco, cujas possibilidades de vitória, nos Jogos Fúnebres em honra de Pátroclo, estão à partida comprometidas por concorrer com cavalos «inferiores»: só um expediente ou dolo poderá fazê-lo vencer. M. Détienne e J. P. Vernant apresentam uma interessante análise do episódio, aproximando as manifestações polimórficas da *metis* aqui definida aos epítetos tradicionais de Ulisses: *polymetis, polymechanos, polytropos* (vide *Les ruses de l'intelligence. La* metis *des Grecs,* Paris, 1974, pp. 17-31).
[61] *Op. cit.*, pp. 77-78.

herói de excepção, para quem a *metis* surge como contraponto negativo da coragem. Mas veremos que ele próprio não escapa à teia de ambiguidade que percorre as noções homéricas de verdade e mentira, confluindo no primeiro dos paradoxos socráticos: «o mesmo homem que mente é o que diz a verdade» (367c, *passim*).

Inteligência, capacidade, conhecimento – todos esses atributos definidos no diálogo para o «mentiroso» como para o «verdadeiro» – se reportam no fundo à marca de superioridade de uma *metis* de duplo sentido e variadas funções, onde a escolha consciente entre verdade e *apate* «engano» é apanágio do herói; possuir a verdade, como mais de uma vez frisa Détienne, é possuir também a capacidade de enganar. Por isso Sócrates não aceita a recusa de Hípias em associar Aquiles à mentira (370a sqq.), e muito menos a noção de mentira involuntária (*ouk ex epiboules,* 370e) com que aquele intenta justificar o não cumprimento das declarações iniciais do herói: essa mentira involuntária mais não representaria do que uma realização negativa de *pseudos* (como «incapacidade», «falha») a obscurecer a *uirtus* do herói divino, para mais, educado nos melhores preceitos do «sapientíssimo Quíron». Daí a perplexidade irónica com que, em 370b, Sócrates frisa «o soberano desprezo» de Aquiles pela verdade e com que, mais adiante, explica a insistência das suas perguntas sobre o valor relativo dos dois heróis: «a meu ver, ambos são excelentes (*aristo,* 370e) e é difícil avaliar se um excede o outro em matéria de *mentira,* de *verdade (peri pseudous kai aletheias)* ou de qualquer outra forma de mérito *(arete).* Efectivamente, nesse particular, ambos estão mais ou menos iguais».

Obviamente, esta posição de Sócrates tem uma defesa preconceituosa. A própria imagem caricatural que se nos desenha deste novo Aquiles (*goes* «feiticeiro» ou «charlatão», *alazon,* «trapaceiro» ou «fanfarrão», superior a Ulisses em «intrigas e mentiras», – *to technazein te kai pseudesthai,* 371d), é demasiado forte para se suster. Sócrates cede neste ponto terreno ao adversário, porém, não sem as contrapartidas que a noção de «mentira involuntária» traz à discussão do problema. A questão implícita é esta: estará ela à altura do herói?

Os versos da embaixada que Hípias citou para comprovar a sua franqueza e veracidade (em especial: «e o que disser será cumprido», *Ilíada* 9.314) nada mais demonstram do que a inadequação de Aquiles em levar por diante os seus propósitos. «Verdade», afinal, não consumada, *pseudos* no seu sentido homérico mais infamante, como atrás dissemos, ou seja: «falha», «incapacidade de atingir o alvo». Nem o temível Heitor, prestes a ser vencido e morto por Aquiles, o isenta dessa pecha, quando este falha o golpe que lhe tinha anunciado: «Falhaste! [...] Não passas de um manobrador de palavras *(artiepes),* de um inventor de histórias...» [62].

A réplica de Heitor não é citada no *Hípias Menor* mas a semelhança de situações e de juízos salta à vista. Aquiles não é decerto um «mestre da mentira» – mas tão pouco o é da verdade. E a segunda conclusão socrática traduz bem, nesse espírito, qual poderá ser a avaliação relativa dos dois heróis em causa: «então, o que mente voluntariamente [como Ulisses] é superior ao que o faz sem querer» (37le). O Ulisses *polytropos* e *pseudes* afirma, pois, sem custo os seus créditos relativamente a um Aquiles *haplous* e *alethes* que Hípias se empenhara em defender.

Caberá, neste contexto, reflectir sobre o sentido da inversão de valores proposta. Aparentemente, ela não tem outra finalidade senão demonstrar o falso ponto de partida em que a discussão assentara: afirmar uma caracterização de Ulisses e de Aquiles na base dos conceitos de verdade/mentira e o seu julgamento moral a essa luz é, além de óbvio anacronismo, uma deturpação da *uirtus* específica de cada um dos heróis, que só por complacência com os hábitos ou por insensibilidade literária poderia manter-se. Mas, embora o equívoco esteja latente, Sócrates não está também interessado em desfazê-lo.

Com a «deixa» de Hípias abre-se um tópico muito mais aliciante (filosoficamente falando) do que o problema de saber se foi desta ou daquela forma que Homero desejou representar os heróis dos seus poemas. O confronto *alethes/pseudes* é efectivamente um dos temas candentes da teoria da linguagem que então desponta e, pode acrescentar--se, da análise psicológica e social que marca decisivamente a investigação socrática e platónica, a esse como a outros níveis. É justamente aí, na clivagem entre o homérico e o epocal do séc. V, que os paradoxos socráticos do *Hípias Menor* adquirem força e consistência: quando

---

[62] *Ilíada* 22.279 e 281, cf. supra, n. 53. O valor depreciativo de *artiepes* é explicitado na expressão seguinte, *epiplokos mython,* lit. «que conhece os truques da linguagem», i.e. «dissimulado de palavras». A ideia geral que preside a *epiplokos* é a de dissimulação ou de engano deliberado, como se deduz das suas duas ocorrências na *Odisseia:* 11.364 e sobretudo 13.291. O *epiplokos mython* evoca, pois, no passo citado da *Ilíada*, a mentira ou falsidade das palavras de Aquiles, comprovável pela não realização dos factos anunciados (*embrotes* «falhaste» – de *hamartanein* «errar», «falhar o alvo»): cf. *Eustathi Commentarii ad Homeri Iliadem* III-IV, *ad loc.*. Para a correlação deste *pseudos* aqui implícito como «falha» e como «palavra não realizada» vide J. P. Levêt, *op. cit.*, esp. pp. 142-145 e n. 6 à tradução.

passamos das caracterizações particulares das duas figuras míticas à sua generalização como paradigmas de comportamento humano. Certo que a educação tradicional e a sensibilidade do homem comum não abdicam de uma supremacia da verdade ligada à justiça *(dikaiosyne)* e, naturalmente, à virtude *(arete)* – conforme Hípias não se cansará de frisar. Que resulta, porém, do envolvimento mais fundo destes valores, à luz de uma análise da linguagem em si e de uma noção de pragmatismo que nunca – desde Homero – deixou de impregnar a consciência grega? O séc. V é particularmente abalado por uma «crise de identidade» entre a linguagem e o real, que os sofistas exploraram até à saciedade. Os seus ecos são bem evidentes no *Crátilo* de Platão, onde o *logos* («discurso», «afirmação»...) assume sem preconceitos a sua condição de «duplo» *(diplous,* 408c): verdadeiro e falso. Este é, precisamente, um dos tópicos em causa nas *Antilogias* ou *Dissoi Logoi* (§ 4). O seu anónimo autor rejeita a tese de que haja um argumento *(logos)* falso e outro verdadeiro *(pseustan, alathes)* para defender que ambos são «o mesmo» *(ton auton)*; a sua indiciação como «verdadeiro» ou «falso» não tem a ver com a linguagem em si (num e noutro caso não é possível prescindir dos mesmos termos, *tois autois onomasin*), e antes com a ulterior verificação, ou não, dos factos a que se reporta. Este purismo teórico pode mesmo levar-nos mais longe, nomeadamente à concepção sofístico-eleática que recusa a possibilidade da mentira com a alegação de que toda a linguagem reflecte «algo do Ser» (*Crátilo,* 492d cf. *Eutidemo* 283e-287a) [63].

Mas fiquemos pelo paradoxo das *Antilogias* bem mais significativo, no fim de contas, para o *Hípias Menor.* Num e noutro caso, *ho autos* «o mesmo» repete uma duplicação característica que, ao nível da linguagem, define o *logos* no *Crátilo.* Num e noutro caso também, a coexistência de contrários é directamente sentida ao nível de uma potencialidade: o mesmo argumento revela-se verdadeiro ou falso de acordo com a análise dos factos, tal como o sujeito paradigmático do *Hípias Menor* exercita a sua capacidade de dizer «mentiras» ou «verdades», aparentemente na base de factores arbitrários (*hekon, ex epiboules* «voluntariamente», «com premeditação»).

---

[63] Sobre as contradições de tal pressuposto (aliás, enunciado por Crátilo), que conduzem no fundo à impossibilidade de comunicação, vide B. Cassin, «O dedo de Crátilo», *Análise* 7 (1987) 3-14 e para a resolução da aporia («não será a partir dos nomes mas dos próprios entes que há que aprender a investigar») cf. J. Trindade Santos, «O *Crátilo* e a filosofia da linguagem» no mesmo volume de *Análise* 15-48. Em R. K. Sprague, *op. cit.*, pp. 14-18 encontra-se igualmente uma sugestiva desmontagem da falácia do equívoco, sobre a qual repousa o passo citado do *Eutidemo.*

As coincidências de expressão são demasiado flagrantes para não evocarem a ideia de uma proximidade cronológica, funcionando o pequeno estudo sofístico como inspirador das formulações centrais do *Hípias Menor*.

Observe-se, contudo, que a preocupação do autor das *Antilogias* reside primariamente na linguagem: é o *logos*, não o falante, que recebe as honras do paradoxo. Daí, talvez, a frieza lógica com que os conceitos de *alethes* e *pseudes* emergem e são posteriormente aferidos no estrito plano dos factos. Situação diversa encontramos no *Hípias Menor*, donde é arredada qualquer consideração sobre a linguagem em si e, com isso, a superficialidade especulativa que distingue o modelo inspirador. Platão pretendeu, na realidade, fazer deste curto diálogo um campo de experimentação em que as figuras de Ulisses e de Aquiles representam o teste à consciência ética das noções de verdade e mentira.

Por isso mesmo, o paradoxo antes formulado em função do *logos* se estende agora ao falante: *alethes* ou *pseudes*, como atributos de um sujeito, têm valores preferencialmente morais, ligados ao carácter do homem ou ao intuito com que determinadas afirmações (ou acções) são produzidas: o *alethes* é o homem «franco», «sincero», incapaz (ou sem o intuito...) de enganar; o *pseudes*, o homem «insincero», «falso», cujas palavras e acções assentam num propósito declarado de enganar *(apatan)* [64].

No *Hípias Menor* jogam-se, pois, cambiantes muito mais subtis, a que não é alheia a violência linguística de fundir intencionalmente os valores objectivos e subjectivos de «verdade» e «mentira» nos epítetos em causa. E só as tentativas de Hípias em delimitá-los nos reconduzem ao campo ético, que Sócrates explorará de forma mais específica na terceira parte da conversa: é «melhor» o que erra voluntariamente ou não? Se a mentira é «defeito» e a verdade, «virtude», todo o problema moral do *alethes* como do *pseudes* passa por um problema de *intenção*. Sócrates não o resolve, porém, a contento das leis, como Hípias desejaria

---

[64] De notar que os adjectivos *alethes* e *pseudes* não surgem em Homero como epítetos de pessoas. O primeiro aparece apenas no neutro, sob forma substantiva (= *aletheia*), ou a qualificar substantivos como *mythoi* «palavras», dependentes de um verbo declarativo; o segundo (salvo uma excepção duvidosa: *Ilíada* 4.235) não existe sequer em Homero, estando apenas representado pelo substantivo *pseudos*. Para o carácter posterior do adj. *pseudes* (derivado certamente a partir de *apseudes*, que surge primeiro como forma de negação de *pseudos*), cf. J. P. Levêt, *op. cit.*, pp. 214-219. As mais antigas ocorrências parecem remontar aos inícios do séc. V, já com valor predominantemente moral. No mesmo sentido evolui o uso de *alethes*, aplicado a pessoas: veja-se a obra citada, pp. 92-94.

(371e-372a): o divulgador da máxima «ninguém erra voluntariamente» tem, como nenhum outro homem, a noção de que «virtude é conhecimento» (e «poder», *dynamis,* de a realizar). «Mentira» e «verdade» reflectirão, portanto, a este outro nível, as duas faces de uma potencialidade ou de um conhecimento centrado na alma, cuja superioridade se mede em função da consciência (conhecimento, intenção...) e do poder de orientar-se num ou noutro sentido: verdade ou mentira, bem ou mal.

Superioridade etológica ou... «tecnológica», como parece aferir-se dos exemplos colhidos das *technai* (o bom corredor que corre mal, o bom archeiro que falha voluntariamente o alvo, etc.)? Sócrates deixa-nos na indeterminação, melhor, na contradição ética – comandada pela noção de «justiça» – aonde o argumento em boa parte nos mergulha: «logo, só o homem bom comete injustiças de propósito; o mau comete-as sem querer, se na verdade o homem bom é o que possui uma alma boa» (*agathe,* 376e). Do problema da verdade e da mentira eis-nos chegados ao problema mais vasto do bem e do mal. Mas a noção de «justiça» (*dikaiosyne*) traça entre eles um vínculo reversível, que não permite a distinção de dois temas no diálogo: acções e palavras contam por igual num código de justiça que tem tanto de «legal» como de moralidade comum (ou da sua superação) [65].

A influência da sofística – de uma sofística que, estamos em crer, Hípias não partilhava – penetra aqui de modo sensível: as *Antilogias* fornecem exemplos vários de «quando é justo» *(dikaion)* enganar e mentir (*pseudesthai... kai exapatan,* 3.2 sqq.). E o próprio Sócrates de Xenofonte não resiste à tentação de contrapor a um ideal de justiça, fundado na noção de verdade, casos, particulares em que a mentira ou o engano voluntários *(hekon)* se apresentam como «mais justos» (*dikaioteron,* vide *Memoráveis* 4.2.14 sqq.) [66]. Não obstante, o exemplo máximo que Platão

---

[65] Cf. supra, p. 28 n. 26. A associação Verdade e Justiça (*Aletheia* e *Dike*) é uma das constantes do pensamento mítico grego, cujo exemplo máximo é a caracterização de Nereu nos vv. 233-236 da *Teogonia:* a «verdade» do deus (*alethea, apseudea,* v. 233) define-se por «não esquecer» (ou «não deixar escapar» – *ou lethetai*) a justiça; ele é o que conhece os pensamentos rectos e justos *(dikaia).* A par da oposição *Aletheia/Lethe,* analisada em pormenor por M. L. West (*Hesiod. Theogony,* Oxford, 1966, pp. 232-235), o passo é especialmente importante pela correlação que consagra entre *Aletheia* e *Dike*: veja-se em especial a análise de M. Détienne, *op. cit.,* pp. 29-50 e Pucci, *op. cit.,* p. 23.

Curioso verificar que, apesar da crescente laicização do pensamento grego e sobretudo da noção de *dike* «justiça», é ainda na base desta correlação mítica que as noções de *aletheia,* tal como as de *pseudos* e *apate,* continuam a ser reflectidas.

[66] A semelhança entre a conversa de Sócrates com Eutidemo, no passo referido das *Memoráveis,* e o *Hípias Menor* integra-se na questão praticamente insolúvel dos paralelos

condenará na *República* – vem sobretudo do mundo das artes. Ninguém melhor do que Górgias para defini-lo, de acordo com as palavras que lhe são atribuídas a propósito da tragédia:

«A tragédia, a partir de lendas e experiências, determina, segundo Górgias, um engano *(apate)*. De modo que merece mais aplauso [= é mais justo, *dikaioteros*] quem engana do que quem não é capaz de enganar e demonstra mais acuidade [= é mais sábio, *sophoteros*] quem foi enganado do que quem não cede ao engano. O primeiro merece aplauso [=é mais justo] porque cumpriu o que se propôs fazer: o que cedeu ao engano mostrou-se mais perspicaz *(sophoteros)*. Não resta dúvida de que quem se entrega ao prazer das palavras não é desprovido de sensibilidade *(ouk anaistheton)*» [67].

A antítese justiça/engano encontra na arte a sua razoável e plena forma de conciliação. Em parte porque – como se salienta a propósito do bom tragediógrafo – ela assenta num compromisso entre o «enganador» e o «enganado»: só os esforços conjuntos de ambos fazem do engano algo de *dikaion* «justo» (i.e., socialmente aceitável). Mas em parte também porque a *apate* constitui uma das regras inevitáveis da vida, com todas as contradições éticas que o seu agente possa carregar sobre si.

É fácil dizer-se que, neste breve diálogo, Platão pretendeu tão-só (na melhor das hipóteses...) demonstrar pela *reductio ad absurdum* a validade do seu aforismo favorito, «ninguém erra voluntariamente». Alega-se, em especial, o «suspense» criado em volta da dúvida que fica a pairar no final da conversa: «se tal homem existe», ou seja, o homem bom que voluntariamente erra e comete acções desonrosas e injustas (376e). Mas, como sugere Trindade Santos, interpretar o diálogo exclusivamente à luz destas quatro palavras será necessariamente empobrecê-lo [68].

---

entre Platão e Xenofonte. Mas não será impossível supor – neste caso pelo menos – que estejamos perante desenvolvimentos independentes, ambos inspirados no Sócrates histórico e na ambiência cultural onde o 'fine paradox' (para empregar uma expressão de O'Brien) era naturalmente aceite e praticado:, cf. supra, p. 17 n. 14.

[67] Fr. 23 B Diels-Kranz, trad. de Maria de Fátima Sousa e Silva, *op. cit.*, p. 310 (as explicitações em parêntese recto são minhas). Numa sugestiva linha de reabilitação dos sofistas, o passo é um dos alegados por B. Cassin para recusar a ideia negativa de *pseudos* em que a sofística foi interpretada (e condenada) à luz da filosofia, opondo-lhe a noção positiva de um *pseudos,* produto de actividade criadora *(plasma)*, que Górgias deixa em especial consagrado no *Elogio de Helena:* veja-se «Du faux et du mensonge à la fiction (de *pseudos* a *plasma*)» in *Le plaisir de parler. Études de sophistique comparée,* Paris, 1986, pp. 329, esp. 19-29.

[68] Vide «Verdade e erro...», p. 17. Na mesma linha se pronuncia T. A. Szlezák, *op. cit.*, p. 87.

Todos os dogmas éticos de Sócrates estão em discussão: desde o princípio *nemo sua sponte peccat* «ninguém erra voluntariamente» (e pouco se tem reparado na ironia, ou auto-ironia, com que o próprio Sócrates o visa no *Protágoras* 345d-346e) até à noção de virtude como conhecimento *(episteme),* que a analogia rígida com as *technai* ou ofícios, obsessivamente procurada nos chamados primeiros diálogos, acaba, afinal, por pôr em causa. A duplicidade de papéis que a «personagem» Sócrates mantém no diálogo não é assim mero jogo teatral, como o não são, no plano da linguagem, as falácias que gerações de críticos têm comentado com deleite ou irritação (ou mesmo escândalo...). Tudo isso reverte a uma intuição do real cuja complexidade, apesar da sua curta extensão e formalismo dialéctico, o *Hípias Menor* reproduz em miniatura. Vê-la-emos alargar-se na *República,* onde explicitamente se frisa (numa alusão transparente ao Aquiles do diálogo) que «inteiramente simples e verdadeiro», «isento de mentira e engano», só é o divino (382e). Verdade e justiça, mentira e injustiça misturam-se quase quotidianamente na estratégia das relações humanas, desde a arte e a política, ao médico capaz de enganar o doente quando está em causa o seu bem-estar.

Se a comunidade dos homens deve tender idealmente para as primeiras, não é menos certo que, para sua salvaguarda, não pode prescindir das últimas: o moralismo pragmático da *República* não consiste de facto em irradiar a mentira e o engano, tradicionalmente considerados, mas sim em distinguir as suas modalidades nocivas ou benéficas, e integrar as últimas numa ética que vise um bem superior – o dos cidadãos. Essa, a distinção que cabe justamente aos governantes fazer: eles são, à imagem do sábio ou do herói homérico, os «mestres da verdade e da mentira», os que sabem e dominam a totalidade dos factos, de modo a avaliar quando o engano e a mentira – uma «nobre mentira», *gennaion ti pseudos,* – 414b devem ser utilizados, tanto na educação como na administração da cidade (vide em especial 377a sqq., 389b, 459c-d).

A esta luz, o «homem bom» que o final do Hípias imagina, o único capaz de praticar voluntariamente a injustiça (e, portanto, a mentira) não se encerra no paradoxo anti-ético que Sócrates parece formular por pura diversão: essa «não-entidade», como pitorescamente lhe chama Taylor, poderá precisamente conter em germe o governante ideal da *República,* uma vez revistos e purificados os conceitos de *dikaion* e *adikon* que se ajustarão a uma cidade nova e a uma nova ética.

Mas não é de crer que esta linha de desenvolvimento – implicada em grande parte nas considerações de Friedländer e, sobretudo, de

Goldschmidt [69] – esgote todas as contradições de natureza moral e psicológica que o diálogo oferece. Se atendermos ao sincretismo de planos em que ela evolui, ao equívoco deliberado entre a esfera do potencial e do real, talvez aí encontremos outro dos problemas nucleares da ética e da psicologia socrático-platónica: qual o critério para definir almas «melhores» e almas «piores»? Em que consiste afinal a virtude ou excelência *(arete)* da alma? Abstractamente, numa capacidade *(dynamis)* de realização, num poder e inteligência (ou conhecimento *phronesis, episteme*) de alargar com eficácia a sua actividade a todos os domínios visados.

A defesa aberta da «injustiça» (não para o bem comum, mas contra ele) que uma sofística mais «avançada» proclama, como privilégio das almas «melhores» – veja-se o Polo do *Górgias* ou o Trasímaco do livro I da *República* – não deixa de revestir uma verdade psicológica que ecoa em Platão desde os primeiros escritos: «antes eles fossem capazes dos maiores males, Críton, para que fossem também capazes dos maiores bens», comenta Sócrates no *Críton* a respeito dos que o condenaram (74d).

Este ainda, o grande problema educativo da *República:* são exactamente as almas mais dotadas, as almas de natureza filosófica *(philosophoi physei,* 494a), as que detêm a capacidade de atingir os extremos do vício ou da virtude, as que podem provocar os maiores benefícios, como os maiores desastres, à cidade (495b). O paradoxo da alma «boa», que comete voluntariamente a injustiça, enraíza numa realidade psicológica e social a que a segunda metade do séc. V veio dar plena projecção: não apenas através das reflexões sofísticas mas também de personalidades concretas que a marcaram. Tal poderá ser, aos olhos de Sócrates e de Platão, o caso de *Alcibíades* que, embora naturalmente dotado para o bem, não soube (ou não pôde) resistir ao apelo do «mal» isto é, da riqueza, da ambição política e do triunfo social [70].

---

[69] Vide Friedländer II, p. 144 e Goldschmidt, esp. pp. 107-109, que oferece um interessante quadro do jogo de imagens contraditórias em que a oposição entre mentira voluntária e involuntária vai sendo projectada à luz das opiniões comuns e da filosofia (sobretudo no confronto entre o *Hípias Menor,* o *Górgias* e a *República*). Szlezák frisa igualmente a aproximação entre a ideia de *polytropos* no *Hípias Menor* e o governante-filósofo da *República* (*op. cit.*, p. 88).

[70] Confronte-se, com o passo citado da *República,* o discurso de Alcibíades no *Banquete:* apesar de uma *physis* naturalmente predisposta ao bem e à filosofia, a influência positiva de Sócrates não foi já a tempo de travar os desvios a que o fascínio das multidões conduziu a alma do seu ex-discípulo. Curioso notar que também o *Filoctetes* põe, de forma candente, o problema educativo na perspectiva de uma *physis* generosa e verdadeira,

É certo que ambos, Hípias e Sócrates, repudiam no final o paradoxo a que se chegou. Mas por razões que facilmente se adivinham diversas: Hípias, em nome de uma moral tradicional, que tenta a todo o custo salvaguardar as aparências. Sócrates, em nome de uma ética idealista onde a noção de que «virtude é conhecimento» passa pela purificação do conceito de «voluntário», por um novo método educativo que mantenha na linha do bem e da felicidade comum as almas dos melhores: ideia a despontar já no *Górgias* mas que só atinge a sua plenitude especulativa no projecto ideal de «reforma da cidade» que a *República* constitui.

---

mas incapaz ainda, pela sua inexperiência, de resistir às influências negativas do meio e de falsos mentores: vide J. Ribeiro Ferreira, *Estudos sobre o Filoctetes,* pp. 83-116 (= *Humanitas* 29-30 [1977-1978] 21-50). A recondução de Neoptólemo à sua verdadeira *physis* poderá representar na tragédia uma marca de esperança, que a ambiência social e política (como Platão a sentiu) não poderia senão negar: cf. pp. 92-93 do referido estudo.

HÍPIAS MENOR

Figuras do Diálogo:

SÓCRATES
HÍPIAS
ÊUDICO

ÊUDICO

Que é isso, Sócrates? Tão calado, depois desta magnífica conferência de Hípias? Será que nada do que foi dito te suscita, como a nós, aplauso – ou, sequer, uma censura, caso algum aspecto do discurso te tenha caído mal? Fala, tanto mais que agora só estamos nós, os que mais reivindicamos o nosso interesse nas discussões filosóficas... [1]

363

SÓCRATES

Para ser franco, Êudico, há algumas afirmações que Hípias agora mesmo fez sobre Homero e que gostaria de esclarecer com ele. A verdade é que já a Apemanto – o teu pai – eu ouvia dizer que a *Ilíada* de Homero é um poema mais belo do que a *Odisseia*, e mais belo exactamente na medida em que Aquiles é superior a Ulisses, pois cada um dos poemas (argumentava ele) se centra em volta de um dos heróis: Ulisses num caso e Aquiles no outro. Ora, se Hípias estiver pelos ajustes, era o primeiro aspecto que gostaria que me esclarecesse, depois desta abundância e variedade de impressões com que acaba de nos brindar sobre vários poetas e em particular sobre Homero: que acha ele dos dois heróis e qual deles é, na sua opinião, superior ao outro?

b

c

ÊUDICO

Mas é claro que Hípias não se furtará a responder às tuas perguntas... Eh, Hípias! Não é verdade que, se Sócrates te fizer alguma pergunta, lhe responderás? Sim ou não?

HÍPIAS

Aí está o que havia de ter graça, Êudico! Eu que jamais falho em vir da Élide, a minha cidade, até Olímpia, por ocasião das Olimpíadas, para participar na grande festa dos Helenos [2]; eu, que aí me apresento em público no santuário sempre disposto não só a

d

tratar, por escolha dos presentes, qualquer dos temas do meu repertório, como ainda a prestar todos os esclarecimentos que me queiram pedir – teria graça, esquivar-me agora a uma pergunta de Sócrates!

SÓCRATES

Feliz condição a tua, Hípias, se é sempre com essa bela confiança nas tuas faculdades de espírito e na tua sabedoria que te diriges ao santuário em cada olimpíada... Muito me admiraria, se algum atleta se apresentasse ali, nas competições físicas, tão intrépido e confiante nas forças do seu corpo como tu, segundo afirmas, nas da tua inteligência!

HÍPIAS

É uma condição bem natural, Sócrates. Desde que comecei a ir às competições em Olímpia, jamais encontrei rival que me batesse a palma em qualquer aspecto que fosse.

SÓCRATES

Isso é que é falar, Hípias! Que belo certificado de sabedoria [3] não representa para a cidade de Élide uma fama como a tua – e, claro, para os teus progenitores! Mas, voltando a Aquiles e a Ulisses, que me dizes tu? Qual deles é, em teu entender, superior ao outro e em que aspecto? Para dizer a verdade, estava muita gente lá dentro e, enquanto proferias a tua conferência, perdi o fio à meada. Tive então acanhamento de te interpelar, por causa da multidão de pessoas que ali estava, e também porque não queria estorvar a tua exposição com as minhas perguntas. Porém, agora que somos poucos, e aqui o nosso Êudico insiste em que tas faça, explica-nos lá com clareza a opinião que estavas a expor a respeito de ambos os heróis e como distinguias cada um deles.

HÍPIAS

Com certeza, Sócrates. Estou até disposto a especificar-te, com maior clareza do que há pouco fiz, a opinião que tenho sobre esta como sobre outras matérias. A ideia que defendo é que Homero fez de Aquiles o melhor de quantos guerreiros aportaram a Tróia; de Nestor, o mais sábio; e de Ulisses, o mais fértil em ardis [4].

SÓCRATES

Cáspite, Hípias! Eras capaz de fazer-me um pequeno favor – o de não troçares de mim, se levar tempo a entender as tuas palavras e te crivar de perguntas? Peço-te, arma-te de paciência e responde--me de bons modos...

d

HÍPIAS

Aí está o que seria mesmo de mau-gosto, Sócrates! Então eu, que instruo outros nestas mesmas matérias, que me acho, a esse título, no direito de lhes cobrar honorários – eu ia lá agora levar a mal as tuas perguntas e responder-te de maus modos!

SÓCRATES

Isso é que é falar! Bom, lá essa afimação de que, segundo a caracterização do poeta, Aquiles é o melhor dos guerreiros, acho que entendi o que querias dizer, e bem assim quando afirmas de Nestor que é o mais sábio. Agora essa de dizeres que o poeta fez de Ulisses o mais fértil em ardis – para te ser mesmo franco, não atino, nem de perto nem de longe, com o que queres dizer... Diz-me lá, a ver se por aí entendo melhor: Aquiles, aos olhos de Homero, não era ardiloso?

e

HÍPIAS

Longe disso, Sócrates! Antes a franqueza e a verdade em pessoa [5]. Basta ver a cena das *Preces,* quando o poeta os põe a falar um com o outro e Aquiles diz a Ulisses:

Divino filho de Laertes, Ulisses dos mil artifícios,
é bom que te declare sem rodeios a minha ideia,
tal como a irei pôr em prática e espero cumprir.
Pois, não menos que as portas do Hades, abomino

365

b   *todo aquele que diz uma coisa e em seu espírito reserva outra.*
Mas, por mim, vou falar-te, e o que disser é o que será
[cumprido [6].

Nestes versos o poeta revela como concebe o carácter de ambos os heróis: de uma parte Aquiles, o homem da franqueza e da verdade; de outra, Ulisses, o homem das mentiras e dos ardis. Por isso põe nos lábios de Aquiles estas palavras, endereçadas a Ulisses.

SÓCRATES

Pronto, Hípias. Agora já talvez esteja a apanhar a tua ideia. Salvo erro, para ti «ardiloso» é o mesmo que «mentiroso»...

HÍPIAS

c   Ora nem mais, Sócrates. Essa é exactamente a imagem que Homero nos deixa de Ulisses em inúmeros passos, quer da *Ilíada* quer da *Odisseia*.

SÓCRATES

Segundo tudo leva a crer, portanto, aos olhos de Homero, ou se é verdadeiro ou se é mentiroso: o mesmo homem não pode ser ambas as coisas.

HÍPIAS

Podia deixar de assim ser, Sócrates?

SÓCRATES

E aos teus olhos é também assim, Hípias?

HÍPIAS

Mas que dúvida! O contrário é que seria para estranhar.

SÓCRATES

Bom, deixemos Homero em paz, uma vez que não é possível perguntar-lhe o que é que ele tinha em mente ao compor os tais versos [7]. E, já que assumes abertamente a defesa dele e concordas ponto por ponto com as ideias que lhe atribuis, responde-me juntamente em nome de Homero e no teu.

d

HÍPIAS

Assim se fará. Pergunta lá então de vez o que pretendes.

SÓCRATES

Que me dizes? Os mentirosos são, digamos assim, homens incapacitados de fazer seja o que for, como sucede aos enfermos, ou, pelo contrário, capazes? [8]

HÍPIAS

Eu digo que são capazes, e de que maneira: entre outras coisas, para enganar o próximo!

SÓCRATES

Ao que parece, são, portanto, capazes, de acordo com as tuas palavras; e, além disso, ardilosos. Não é assim?

e

HÍPIAS

É.

SÓCRATES

E esses ardis com que enganam os outros são fruto de ingenuidade e estupidez ou antes, de malícia e de uma certa forma de inteligência?

HÍPIAS

Fruto de malícia e de inteligência, não há que ver.

SÓCRATES

Logo, tudo leva a crer que são inteligentes...

HÍPIAS

Sim, por Zeus, e até demais!

SÓCRATES

Ora, se são inteligentes, fazem o que fazem com conhecimento de causa ou não? [9]

HÍPIAS

Com pleno conhecimento: daí as malfeitorias que cometem.

SÓCRATES

E conhecendo, como conhecem, aquilo que fazem, são ignorantes ou sabedores?

HÍPIAS

Sabedores, evidentemente, pelo menos nessa arte – a de enganar! [10]

SÓCRATES

Um momento! Vamos recapitular o essencial das tuas palavras. Defendes que os mentirosos são dotados de capacidade e inteligência, que conhecem e são sabedores relativamente às próprias matérias que são alvo das suas mentiras?

HÍPIAS

Defendo, evidentemente.

SÓCRATES

E, além disso, que aqueles que falam verdade e os que mentem formam grupos distintos e até diametralmente opostos entre si?

HÍPIAS

Absolutamente.

SÓCRATES

Presta atenção: salvo erro, entre os homens capazes e sabedores incluem-se, de acordo com o que dizes, os mentirosos...

HÍPIAS

Absolutamente.

SÓCRATES

Então, quando dizes que eles são dotados de capacidade e sabedoria «nessa tal arte», que entendes por isso: que relativamente a essas matérias que são alvo das suas mentiras eles são ou não capazes de mentir, se o desejarem? *b*

HÍPIAS

Eu entendo que são capazes.

SÓCRATES

Por conseguinte, para falarmos em termos genéricos, os mentirosos são os que sabem e são capazes de mentir.

HÍPIAS

Sim.

SÓCRATES

Logo, um homem ignorante e incapaz de mentir jamais dará um mentiroso... [11]

HÍPIAS

Tal e qual.

SÓCRATES

Ora, capaz é todo o indivíduo que faz o que quer e quando quer... Não me refiro aos que agem em estado de loucura, ou coisa parecida, mas a casos como este: tu, se quiseres escrever o meu nome, és capaz de fazê-lo. Ou não é a uma pessoa nestas condições que tu chamas «capaz»?

HÍPIAS

Sim.

SÓCRATES

Ora diz-me cá, Hípias: tu és um perito em aritmética e cálculo, não é assim? [12]

HÍPIAS

E sem rival, Sócrates!

SÓCRATES

Por conseguinte, se alguém te perguntasse quantos são setecentos vezes três, tu estarias habilitado melhor do que ninguém, se quisesses, a dar a resposta pronta e certa a esta pergunta?

HÍPIAS

Claro que sim.

SÓCRATES

Exactamente por seres o mais capaz e o mais sabedor neste domínio?

HÍPIAS

Sim.

SÓCRATES

E és apenas o mais sabedor e o mais capaz, ou és também o melhor neste ramo específico [13] em que bates a palma a toda a gente, graças à tua capacidade e ao teu saber – o cálculo?

HÍPIAS

Sou também o melhor, claro está, Sócrates.

SÓCRATES

Logo, és a pessoa mais capacitada para dizer a verdade na matéria em causa... ou não?

HÍPIAS

Sim, acho eu.

SÓCRATES

Vejamos: e igualmente para mentir sobre ela? Coragem, Hípias, responde-me com a mesma generosidade e largueza de espírito com que começaste... Supõe que alguém te perguntava quantos são setecentos vezes três: não eras tu homem para mentir na perfeição e fazer sempre valer as tuas mentiras neste particular, se desejasses

e

mentir e jamais dizer a verdade? Ou um ignorante em aritmética seria capaz de bater-te a palma em mentir, caso tu pretendesses fazê--lo? O facto é que um ignorante que pretendesse mentir estaria arriscado, não poucas vezes, a dizer a verdade sem querer, por causa da sua ignorância, ao passo que tu, sábio como és, se desejasses mentir, conseguirias sempre fazer valer as tuas mentiras?

HÍPIAS

Sim, é tal qual dizes.

SÓCRATES

Vejamos ainda: um mentiroso pode mentir em toda a espécie de assuntos, excepto em números? Em aritmética não há hipótese de mentir?

HÍPIAS

Claro que sim, por Zeus! Em aritmética também.

SÓCRATES

Por conseguinte, Hípias, vamos admitir que em matéria de cálculo e aritmética possa haver quem minta...

HÍPIAS

Sim.

SÓCRATES

E que espécie de indivíduo será esse? Para dar um «mentiroso» não tem de possuir, como há pouco recordavas, essa capacidade intrínseca, ou seja, a de mentir? E isto porque um homem incapaz de mentir (foste tu que o disseste, se bem te lembras...) jamais pode dar um mentiroso.

HÍPIAS

Claro que me lembro, foi exactamente o que se disse.

SÓCRATES

Ora, há pouco ficou bem claro que tu eras o homem mais capaz de mentir em matéria de cálculo?

HÍPIAS

Sim, foi também o que se disse.

SÓCRATES

O que significa que és tu também o mais capaz de dizer a verdade nessa matéria?   *c*

HÍPIAS

Fora de dúvida.

SÓCRATES

Logo, em matéria de cálculo, o mais capaz de mentir e o mais capaz de dizer a verdade são uma e a mesma pessoa: o que é bom nessas matérias, ou seja, o especialista em cálculo.

HÍPIAS

Sim.

SÓCRATES

Ora pois, e quem, a não ser o indivíduo *bom,* pode dar um mentiroso, em matéria de cálculo? Esse é o que é efectivamente capaz; e é também o que detém a verdade...

HÍPIAS

Dá ideia que sim.

SÓCRATES

Vês agora? Aquele que mente e o que diz a verdade, nesta matéria em causa, são uma e a mesma pessoa, e o homem verdadeiro em nada é superior ao mentiroso... [14] É claro que se trata do mesmo homem e que tais características não são diametralmente opostas, conforme tu há pouco julgavas!

d

HÍPIAS

Neste caso, pelo menos, dá ideia que não.

SÓCRATES

Queres então que examinemos outros casos?

HÍPIAS

Se assim queres...

SÓCRATES

Ora, és também um perito em geometria, não é verdade?

HÍPIAS

Claro que sou.

SÓCRATES

Vejamos, não temos aqui uma situação idêntica? O mais capaz de dizer mentiras e o mais capaz de falar verdade sobre diagramas não são uma e a mesma pessoa – o geómetra?

HÍPIAS

Sim.

SÓCRATES

E há mais alguém *bom* em diagramas, a não ser ele?

HÍPIAS

Não, não há. *e*

SÓCRATES

Por conseguinte o bom geómetra, o geómetra sabedor, é o mais capaz de ambas as atitudes, não é assim? E se há alguém no mundo para dizer mentiras, em matéria de diagramas, só pode ser esse, que é bom... Esse sim, é capaz, ao passo que um que fosse mau não teria capacidade para mentir. Ora quem não tem capacidade para mentir, conforme ficou assente, jamais dará um «mentiroso».

HÍPIAS

Tal e qual.

SÓCRATES

Examinemos ainda um terceiro caso, o da astronomia – a arte, precisamente, em que te crês ainda mais qualificado do que nas anteriores... Não é isso, Hípias?   368

HÍPIAS

Sim.

SÓCRATES

E não é certo que na astronomia se passa a mesmíssima coisa?

HÍPIAS

É muito provável, Sócrates.

SÓCRATES

Logo, se há alguém no mundo para dizer mentiras no campo da astronomia, esse mentiroso terá de ser o bom astrónomo, ou seja, o que tem capacidade para mentir; não o que a não tem, pois esse é ignorante.

HÍPIAS

Dá ideia que sim.

SÓCRATES

Consequentemente, também na astronomia o homem que mente e o que diz a verdade são uma e a mesma pessoa.

HÍPIAS

É provável.

SÓCRATES

Vamos, Hípias, percorre à vontade todos os ramos do saber e vê se em algum deles a situação é diferente da que apontámos! Afinal, tu és o homem dos mil ofícios e em todos eles a tua sabedoria supera todos... Não era disso que te ufanavas, certo dia que te ouvi falar, enquanto ias enumerando as tuas múltiplas e invejáveis habilidades, ali na ágora, junto às bancas do mercado? [15] Segundo então afirmaste, numa das tuas visitas a Olímpia tudo o que levavas sobre o teu corpo era fruto do teu lavor: obra tua era o anel que tinhas no dedo (foi por aí que começaste...), já que cinzelar anéis constitui uma das tuas habilidades; obra tua, também, o sinete de um outro anel, bem como a raspadeira e o lécito [16], que fabricaste por tuas mãos. Depois, os sapatos com que ias: tu mesmo (afirmavas) os moldaste na forma do sapateiro, e igualmente o manto e a túnica foram tecidos por ti. Mas onde a multidão se quedou suspensa, onde ressaltou a prova das tuas múltiplas habilidades, foi quando declaraste que a faixa que levavas a prender a túnica – uma dessas faixas luxuosas, à moda persa –, a tinhas também confeccionado por tuas mãos.

Como se não bastasse, levavas contigo poemas – epopeias, tragédias, ditirambos [17] – bem como um arsenal de obras em prosa sobre os mais diversos assuntos. Ali te apresentaste, pois, como um conhecedor imbatível, não só nas artes que acabei de citar, como ainda em matéria de ritmos, harmonias, propriedade das palavras e um sem número de coisas mais, tanto quanto julgo lembrar-me [18]. Por falar nisso, deixei escapar essa arte, ao que consta, de tua invenção – a da mnemónica – e que é, segundo crês, a tua coroa de glória. E creio que me escaparam ainda muitas outras... Mas, revertendo ao que há pouco estava a dizer: atenta nessas artes que dominas – que já não são poucas – e ainda nas de outros e diz-me se, de acordo com o que acabamos de convir, descobres alguma onde um homem seja apenas verdadeiro ou mentiroso, e não ambas as coisas. Examina à tua vontade qualquer ramo do saber (ou da malícia, ou que outro nome queiras dar-lhe...) [19]. Mas não, meu caro, não vais descobrir: é coisa que não há. Mas tu dirás...

HÍPIAS

Não estou em condições de o fazer, Sócrates, pelo menos por ora.

SÓCRATES

E, ou muito me engano, ou não vais estar... Se tenho razão, Hípias, não esqueceste ainda as conclusões da nossa conversa.

HÍPIAS

Não percebo muito bem onde é que tu queres chegar, Sócrates...

SÓCRATES

Bom, talvez não estejas a pôr em prática a tua arte da mnemónica – evidentemente, porque achas que não precisas dela! Mas eu vou *b*   dar-te o lamiré: tens consciência de ter afirmado que Aquiles dizia a verdade, ao passo que Ulisses mentia e era ardiloso?

HÍPIAS

Sim.

SÓCRATES

E então, não te apercebes agora? Está visto que o mesmo homem que mente é o que diz a verdade, de tal sorte que Ulisses, se era mentiroso, força é que seja verdadeiro, do mesmo modo que Aquiles, se era verdadeiro, força é que seja mentiroso [20]: os dois homens não diferem entre si nem se opõem, antes se assemelham...

HÍPIAS

c   Lá estás tu, Sócrates, como sempre, a enredar raciocínios especiosos! Sempre a agarrares no ponto fraco da argumentação e a apoiares-te nele para a demolir peça por peça, em vez de combater a ideia global a que o argumento se reporta! [21] Mas é para já: se assim queres, vou dar-te uma série de exemplos e demonstrar, com argumentos bastantes, que Aquiles, tal como Homero o caracteriza, é superior a Ulisses e isento de mentira, ao passo que este último é um embusteiro, um mentiroso de primeira e inferior a Aquiles. Se queres, contrapõe a tua argumentação à minha a ver qual delas é a melhor; e assim os nossos ouvintes poderão também avaliar quem faz melhores discursos...

SÓCRATES

d   Longe de mim, Hípias, contestar que sejas mais sábio do que eu! Mas é já um velho hábito prestar atenção quando oiço alguma coisa de interesse, especialmente se me parece tratar-se de um homem de saber. E, porque desejo aprender o que diz, trato de esclarecer-me, examino em pormenor as afirmações feitas e confronto-as – no intuito de aprender. Se, pelo contrário, o homem me parece medíocre, nem me ralo mais com o que diz nem procuro interrogá-lo. Por aqui podes, pois, ficar a saber aqueles que eu prezo como sábios: com

estes, verás que sou miudinho no tocante às afirmações que fazem e *e*
ponho-lhes as minhas dúvidas, no intuito de lucrar com o que puder
aprender.

Ora pois, aí tens no que dei em pensar precisamente agora,
enquanto falavas: voltando ainda aos versos que citaste há pouco
para mostrar que Aquiles se dirige a Ulisses tratando-o como um
trapaceiro, acho estranho – se de facto tens razão – que Ulisses, o
ardiloso, em parte nenhuma apareça a mentir ²² enquanto Aquiles 370
mais parece, de acordo com as tuas palavras, um «homem de ardis».
Lá que ele mente, não há dúvida! Depois de dizer, alto e bom som,
as tais palavras que citavas há pouco,

> ... *pois, não menos que as portas do Hades, abomino*
> *todo aquele que diz uma coisa e em seu espírito reserva outra,*

fala, quase logo a seguir, como se os argumentos de Ulisses e *b*
Agamémnon o não tivessem demovido, recusando-se absolutamente
a ficar em Tróia:

> *Amanhã – declara – depois de fazer sacrifícios a Zeus e a*
> *[todos os deuses*
> *e carregar bem as minhas naus, tão depressa as lance no mar,*
> *logo verás pela manhãzinha (se quiseres, se te deres a esse*
> *[trabalho!),*
> *a sulcarem o Helesponto piscoso, as minhas naus*
> *e dentro delas os meus homens a remarem com todo o ímpeto.* *c*
> *E, se o venerável Deus-que-abala-a-terra nos conceder uma*
> *[navegação feliz,*
> *ao terceiro dia chegarei à fértil Ftia* ²³.

E já ainda antes, ao vituperar Agamémnon, tinha afirmado:

> *Agora vou regressar a Ftia, visto que me é muito mais proveitoso*
> *voltar à pátria com as minhas naus côncavas: longe de mim*
> *ficar sem honras, a granjear para ti bens e riquezas* ²⁴!

Ora, estas afirmações fá-las ele, quer na presença de todo o *d*
exército, quer junto dos próprios companheiros. Em parte nenhuma,
porém, o vemos ocupar-se dos preparativos ou sequer fazer menção

de arrastar os navios para a água, a fim de empreender a viagem de regresso. Pelo contrário, mostra um soberano desprezo no que toca a dizer a verdade! Por minha parte, Hípias, é esta perplexidade que me leva a perguntar-te desde início qual dos dois heróis, na concepção de Homero, é caracterizado como sendo o melhor. A meu ver, ambos são excelentes e é difícil avaliar se um excede o outro em matéria de mentira, de verdade ou de qualquer outra forma de excelência. Efectivamente, neste particular, os dois são mais ou menos iguais.

HÍPIAS

É porque não estás a ver bem as coisas, Sócrates. Se Aquiles mente, não se vê que o faça premeditadamente, mas sem querer, pois foram os reveses do exército que o obrigaram a ficar e a ir em seu auxílio; ao passo que Ulisses, esse sim, mente por querer e com premeditação [25].

SÓCRATES

Hípias, meu excelente amigo! Agora és tu que estás a fazer de mim parvo e a imitar o teu Ulisses...

HÍPIAS

Credo, Sócrates! Em quê e porquê?

SÓCRATES

Nisso de afirmares que Aquiles não mente com premeditação... Queres homem mais charlatão, mais dado a forjar trapacices, tal como Homero o caracteriza? Nós vemo-lo sentir-se tão superior a Ulisses com as trapaças que lhe impinge sem ele se dar conta, que diante dele tem mesmo o desplante de se contradizer e Ulisses nem se dá conta! Pelo menos, não se vê que lhe diga seja o que for, como se percebesse que ele estava a mentir.

HÍPIAS

Que enormidade estás tu a dizer, Sócrates?

SÓCRATES

Não conheces a história? Depois de declarar a Ulisses que se faria ao largo logo pela manhãzinha, ei-lo a dirigir-se a Ájax... não para lhe declarar que se fará ao largo, mas uma coisa diferente...

HÍPIAS

Em que passo?

SÓCRATES

Nestes versos onde diz:

Até lá, não vou importar-me com a guerra sangrenta –
até, pelo menos, que o filho do valoroso Príamo, o divino
[Heitor,
venha atacar as tendas e as naus dos Mirmidões
para matar os Aqueus e lançar fogo às naus.
Mas venha ele rondar a minha tenda e a minha nau escura,
e conto detê-lo, a Heitor e aos seus impetos bélicos, por
[fortes que sejam! [26]

Vamos, Hípias! Achas que Aquiles, o filho de Tétis e o pupilo do sapientissimo Quíron [27], seria tão falho de memória que, depois de lançar os vitupérios máximos contra os trapaceiros, fosse declarar a Ulisses que ia partir e logo de seguida a Ájax, que ia ficar? É claro que o faz premeditadamente, convicto de que Ulisses está já ultrapassado e o pode bater no seu próprio terreno – o das intrigas e das mentiras...

HÍPIAS

Não acho nada disso, Sócrates. Mesmo nesse particular, ao dizer a Ájax uma coisa diferente do que diz a Ulisses, é de boa-fé que *e*   muda de opinião. Ao passo que Ulisses, até as verdades que diz, as diz com segunda intenção – tal como, de resto, todas as suas mentiras.

SÓCRATES

Portanto Ulisses é, salvo erro, melhor do que Aquiles...

HÍPIAS

Bem longe disso, Sócrates!

SÓCRATES

Bem longe? Então não se viu há pouco que os que mentem voluntariamente são superiores aos que o fazem sem querer?

HÍPIAS

372   Ora, Sócrates! Então aqueles que ofendem voluntariamente a justiça, que voluntariamente premeditam e cometem malfeitorias, hão-de ser melhores que os que assim procedem sem querer? Estes últimos têm ainda uma atenuante de peso, se é por ignorância que vão contra a justiça, mentem ou fazem qualquer coisa de mal... Até as leis, como se sabe, são muito mais severas para os crimes e mentiras quando houve intenção de os cometer do que quando não houve [28].

SÓCRATES

b   Estás a ver, Hípias, como tenho razão ao dizer que sou miudinho nas perguntas que faço aos homens sábios? Talvez seja mesmo este o único bem que possuo e o resto não valha um chavo.... Quando me confronto com a realidade dos factos, aí estou eu na berlinda, sem saber como avaliá-los! Queres uma prova evidente? Sempre que converso com algum de vocês, homens prestigiados pelo saber, cuja sabedoria são os Helenos em peso a testemunhar, toda a minha ignorância vem ao de cima [29]. É que nunca tenho, por assim dizer, a mesma opinião que vocês sobre os mesmos assuntos... Ora, há maior

c   prova de ignorância do que estar em desacordo com homens que são sábios? Vá lá, tenho comigo este bem inestimável, que me salva: não me envergonho de aprender, antes procuro esclarecer-me, faço perguntas e fico infinitamente grato aos que me respondem! A nenhum deles regateei alguma vez a minha gratidão nem sou homem para sonegar um conhecimento que aprendi, apresentando-o como descoberta minha. Muito pelo contrário, presto honras àquele que me ensinou, como sábio que é, proclamando o que aprendi com ele.

Voltando à nossa conversa, não concordo com as tuas afirmações, contesto-as mesmo com todas as forças. Eu bem sei que isto acontece por culpa minha, por ser exactamente aquilo que sou – e mais não digo! O facto, Hípias, é que vejo as coisas totalmente ao contrário do que dizes: os que prejudicam os outros de propósito, que vão contra a justiça, mentem, enganam e incorrem voluntariamente em falta – esses, e não os que assim procedem sem querer, é que são os melhores. Por vezes, contudo, até eu sou da opinião contrária a esta e por aí ando às voltas com a questão – evidentemente, devido à minha ignorância! Neste preciso momento, é mesmo como se me viesse um acesso de febre e fico em crer que aqueles que incorrem voluntariamente em falta (em qualquer tipo de falta!) são superiores aos que o fazem sem querer. Ora, a responsabilidade deste meu estado de espírito atribuo-a toda à nossa argumentação anterior: ela é que me leva, neste preciso momento, a supor que os que tomam todas estas atitudes involuntariamente são mais defeituosos do que aqueles que as tomam de propósito.

d

e

Tu, por isso, sê compreensivo e não te escuses a curar a minha alma: prestar-me-ás um favor incomparavelmente maior se a livrares da sua ignorância, do que se me livrasses o corpo de uma doença! Ora bem, se é um discurso comprido que pretendes fazer, desde já te aviso que não me irás curar, pois não seria capaz de acompanhar-te! Todavia, se consentires em responder-me como há pouco, então sim, terei a lucrar e penso que pessoalmente também nada terás a perder. Aliás, talvez não seja abusivo apelar também para ti, filho de Apemanto, já que foste tu insististe comigo para travar esta conversa com Hípias... Se ele se recusar agora a responder-me, intercede tu por mim junto dele!

373

ÊUDICO

Ora, Sócrates! Acho que Hípias não precisa da minha intercessão *b*   para nada [30]. Não foi isso o que deixou declarado de início, e sim que não se escusava a responder às perguntas de quem quer que fosse... Não é assim, Hípias? Não foi o que disseste?

HÍPIAS

Claro que foi, Éudico. Mas Sócrates é que está sempre a lançar confusão nos argumentos: parece apostado só em causar-lhes dano!

SÓCRATES

Hípias, meu bom amigo! Se assim procedo, pelo menos não é de propósito, longe disso: para tanto teria de ser um homem sábio e hábil, de acordo com as tuas palavras... É sem querer que o faço, e por isso deves aceitar as minhas desculpas, tanto mais que, segundo defendes, aquele que causa danos sem querer tem direito a ser desculpado.

ÊUDICO

c   Vamos, Hípias, não tens por onde escolher... Em atenção a nós e à tua declaração inicial, responde lá ao que Sócrates te vai perguntar.

HÍPIAS

Pois sim, respondo... já que intercedes nesse sentido. Vamos, pergunta o que quiseres!

SÓCRATES

Para ser franco, Hípias, o que me interessa realmente é examinar a fundo a questão de que estávamos agora a falar: quais são os melhores – os que incorrem voluntária ou involuntariamente em falta? A meu ver, talvez o caminho mais correcto para a nossa investigação tivesse sido outro, que agora vou seguir. Responde-me lá então: podes aplicar a um atleta de corrida o epíteto de «bom»? [31]

84

HÍPIAS

Evidentemente.

SÓCRATES

E de «mau»? *d*

HÍPIAS

Sim.

SÓCRATES

Ora, bom atleta é o que corre bem e mau atleta, o que corre mal?

HÍPIAS

Sim.

SÓCRATES

Por conseguinte, no atletismo, na prática da corrida, a rapidez é um bem e a lentidão, um mal...

HÍPIAS

Alguma dúvida nisso?

SÓCRATES

Sendo assim, qual dos atletas é o melhor: o que corre devagar voluntariamente ou o que corre devagar sem querer?

HÍPIAS

O primeiro.

SÓCRATES

Ora bem, a corrida não é uma actividade específica?

HÍPIAS

Claro que sim.

SÓCRATES

E, como actividade que é, não visa um resultado específico? [32]

HÍPIAS

e   Sim.

SÓCRATES

Resultado esse que, na corrida, é mau e vergonhoso se alguém corre mal?

HÍPIAS

Mau, não há que ver.

SÓCRATES

E correr mal é correr devagar?

HÍPIAS

Sim.

SÓCRATES

Ora, quando um bom atleta obtém assim resultados maus e desonrosos é porque faz de propósito, ao passo que o mau atleta o faz involuntariamente? [33]

HÍPIAS

Sim, dá ideia.

SÓCRATES

Por consequência, na corrida, aquele que obtém involuntariamente maus resultados é mais deficiente [34] do que aquele que os obtém de propósito?

HÍPIAS

Na corrida, sim.

SÓCRATES

Vejamos, e na luta? Qual dos adversários é melhor: o que cai de propósito ou o que cai involuntariamente?

374

HÍPIAS

O que cai de propósito, dá ideia.

SÓCRATES

Todavia, cair equivale, na luta, a um resultado mais deficiente e desonroso do que derrubar?

HÍPIAS

Sim, equivale.

SÓCRATES

Portanto, também na luta aquele que obtém de propósito resultados deficientes e desonrosos é superior ao que os obtém sem querer?

HÍPIAS

Dá ideia.

SÓCRATES

Vejamos, e em qualquer outra actividade corporal? Aquele que possui melhor físico não é o que consegue obter este duplo resultado – de força ou de fraqueza, de desonroso ou de belo? Não se segue daqui que, quando uma actividade física se salda em resultados defeituosos, aquele que assim a realiza de propósito é fisicamente o mais dotado, e o mais deficiente, o outro?

HÍPIAS

No que respeita a provas de força, tudo leva a crer que assim é.

SÓCRATES

Falemos de compostura, Hípias [35]. Não é uma excelência física que permite assumir voluntariamente poses feias e defeituosas e, pelo contrário, uma deficiência que as faz assumir sem querer? Ou o que é que achas?

HÍPIAS

Isso mesmo.

SÓCRATES

Portanto, uma pose deformante, quando voluntária, assenta numa excelência física, ao passo que uma involuntária assenta num defeito?

HÍPIAS

Aparentemente.

SÓCRATES

E sobre a voz, que tens a dizer-me: em tua opinião, é melhor a que desafina de propósito ou a que desafina sem querer?

HÍPIAS

A que desafina de propósito.

SÓCRATES

A outra, portanto, é de pior qualidade?

HÍPIAS

Sim.

SÓCRATES

Ora, as tuas preferências iriam para a posse de qualidades boas ou más?

HÍPIAS

Boas.

SÓCRATES

Por exemplo, os teus pés: preferias com eles fazer voluntariamente de coxo, ou coxear sem querer?

HÍPIAS

Fazer de coxo.

SÓCRATES

Contudo, coxear não representa um defeito e uma deformidade dos pés?

d

HÍPIAS

Sim.

SÓCRATES

E que dizer da miopia: é um defeito da vista, não é verdade?

HÍPIAS

Sim.

SÓCRATES

Pensa nos teus olhos, os olhos de que te serves: preferias com eles fazer de míope e de vesgo, ou ser míope e vesgo sem querer? [36]

HÍPIAS

Fazer de míope e vesgo.

SÓCRATES

É então por que achas, no tocante às tuas faculdades, que um resultado defeituoso, se produzido voluntariamente, vale mais do que um involuntário...

HÍPIAS

Nos casos que apontaste, sim.

SÓCRATES

E em todos os deste género, claro: ouvidos, nariz, boca – os órgãos dos sentidos em geral, numa palavra – quando funcionam mal, independentemente da nossa vontade, são defeituosos e, por consequência, indesejáveis; pelo contrário, quando funcionam mal por nossa vontade é porque são bons e, consequentemente, desejáveis.

HÍPIAS

É também o que eu acho.

SÓCRATES

Passemos ao uso de instrumentos. Que vale mais: servirmo-nos de um que pomos a funcionar mal de propósito ou de um que funciona mal sem o desejarmos? Por exemplo, um leme: é melhor um que nos faça errar o rumo contra vontade ou outro que nos permita errá-lo de propósito?

HÍPIAS

Este último.

SÓCRATES

Não se passa a mesmíssima coisa com um arco, uma lira, uma flauta e com todos os demais instrumentos, sem excepção?

HÍPIAS

É verdade o que dizes.

SÓCRATES

E pelo que toca à qualidade de alma de um cavalo:[37] vale mais possuir um que nos permita montá-lo mal de propósito, ou outro que nos faça montar mal sem querer?

HÍPIAS

Possuir o primeiro.

SÓCRATES

É porque esse é o melhor...

HÍPIAS

Sim.

SÓCRATES

Por conseguinte, se um cavalo é dotado de uma melhor qualidade de alma, poderemos com ele obter de propósito resultados defeituosos mas, se é de má qualidade, esses resultados são independentes da nossa vontade?

HÍPIAS

Sem dúvida.

SÓCRATES

E quem diz cavalo, diz um cão ou qualquer outro animal?

HÍPIAS

Sim.

SÓCRATES

E pelo que toca à qualidade de alma de um homem – de um archeiro, por exemplo? Vale mais possuir uma alma que erra o alvo de propósito, ou outra que o erra sem querer?

HÍPIAS

b Possuir a primeira.

SÓCRATES

Essa, portanto, é melhor no manejo do arco?

HÍPIAS

Sim.

SÓCRATES

Quer dizer então que uma alma que erra sem querer é mais deficiente do que aquela que o faz voluntariamente?

HÍPIAS

No manejo do arco, sim.

SÓCRATES

E na medicina? Se uma alma faz voluntariamente mau exercício dela junto dos enfermos, não é porque domina melhor a sua arte?

HÍPIAS

Sim.

SÓCRATES

Consequentemente, nessa arte ela é superior a outra que faça sem querer um mau exercício dela...

HÍPIAS

Sim, é superior.

SÓCRATES

Vejamos, e uma alma que possua um bom domínio da cítara, da flauta e de tudo o que respeita às demais artes e conhecimentos: a melhor não é a que comete erros de propósito e exercita a sua arte de forma má e desonrosa, ao passo que a que é mais deficiente o faz sem querer?

c

HÍPIAS

Dá ideia.

SÓCRATES

E o mesmo diremos da qualidade de alma de um escravo? Também havíamos de preferir, suponho eu, aqueles que cometem erros e causam danos de propósito aos que o fazem involuntariamente: é sinal de que são melhores nas suas funções...

HÍPIAS

Sim.

SÓCRATES

E no que respeita à nossa pessoa: desejaríamos ou não que a nossa alma fosse tão perfeita quanto possível? [38]

HÍPIAS

Sim.

SÓCRATES

d   Pois bem: se uma alma comete voluntariamente erros e causa danos, deve ser melhor do que se o fizer sem querer?

HÍPIAS

Havia de ter graça, Sócrates, se as pessoas que ofendem voluntariamente a justiça fossem melhores do que as que assim procedem sem querer!

SÓCRATES

Mas não deixa de ser, pelo menos, a conclusão óbvia da nossa conversa...

HÍPIAS

Cá para mim, não.

SÓCRATES

E eu a julgar, Hípias, que também para ti era óbvia! Ora responde-me lá outra vez: não entendes por 'justiça' uma espécie de poder ou de conhecimento, ou ambas as coisas? A justiça não terá de ser, pelo menos, uma delas? [39]

HÍPIAS

Sim.

SÓCRATES

Ora bem, se a justiça consiste num poder anímico, então a alma dotada de mais capacidade é a mais justa? Ou não ficou claro que as melhores almas são justamente as desta têmpera?

e

HÍPIAS

Ficou, é um facto.

SÓCRATES

E se a justiça consiste num conhecimento? Então a alma mais dotada de sabedoria é também a mais justa, ao passo que a mais ignorante é a mais injusta, não é assim?

HÍPIAS

É.

SÓCRATES

E se consiste em ambas as coisas – conhecimento e poder? Não é a posse de ambas que faz uma alma ser mais justa e a ignorância, que a faz ser mais injusta? Não terá de ser mesmo assim? [40]

HÍPIAS

Dá ideia.

SÓCRATES

De facto, foi também essa a ideia que nos ficou: a alma melhor é obviamente a mais dotada de capacidade e de sabedoria, a que tem mais poder para agir em ambos os sentidos, o belo e o desonroso, em qualquer tipo de realização...

HÍPIAS

Sim.

SÓCRATES

Por conseguinte, quando pratica acções desonrosas, fá-lo de propósito, graças a uma arte e a um poder seus. E ambos, dá ideia, são, isoladamente ou em conjunto, atributos da justiça.

HÍPIAS

É provável.

SÓCRATES

Por outro lado, a alma melhor, a que é mais dotada de capacidades, se cometer injustiças, há-de cometê-las voluntariamente, ao passo que uma de má qualidade o fará sem querer?

HÍPIAS

Dá ideia.

SÓCRATES

Ora, o homem bom é o que possui uma alma boa e o homem mau, o que possui uma alma má? *b*

HÍPIAS

Sim.

SÓCRATES

Logo, só o homem bom comete injustiças voluntariamente: o mau comete-as sem querer, se na verdade o homem bom é o que possui uma alma boa...

HÍPIAS

Claro que é.

SÓCRATES

Donde se segue que aquele voluntariamente erra e comete acções desonrosas e injustas (se é que um tal homem existe!) não pode ser outro, Hípias, senão o homem bom... [41]

HÍPIAS

É exactamente nesse ponto, Sócrates, que não posso estar de acordo contigo.

SÓCRATES

E nem sequer eu comigo, Hípias! Mas lá que é a conclusão óbvia, pelo menos por ora, da nossa conversa, não há que fugir... *c*
E aí está, Hípias, o que mesmo há instantes te dizia: nestas

matérias, tudo o que faço é derivar ao sabor da corrente [42], sem jamais ter opinião certa. Claro, que eu ande por aí à deriva, eu ou qualquer outro leigo, não é de espantar. Agora que vocês, os sábios, estejam sujeitos às mesmas derivações – isso sim, dá que pensar, se nem com a vossa ajuda conseguimos pôr termo às nossas!

Notas

[1] Isto é, «no âmbito da filosofia». De notar que o termo *philosophia* está aqui usado numa acepção genérica, quase indistinta de *sophia* («sabedoria»). Para esse uso genérico, cf. *e.g. Eutidemo,* 275a, 307b; *Banquete* 183a e 184d e o epíteto de *philosophos,* dado ao poeta Eveno de Paros no *Fédon* 61c.
Segundo a tradição, o termo *philosophos* «amigo da sabedoria» teria sido cunhado por Pitágoras para demarcar os limites humanos à posse plena do saber, tradição que tem sido posta em causa, entre outros, por Jaeger (*Aristoteles,* Berlin, 1923, pp. 99-100) e, mais recentemente por W. Burkert «Plato oder Pythagoras?», *Hermes* 88 [19601 159-177). Burkert assinala, nomeadamente, que a coloração específica do termo como «amigo da sabedoria», associado a um sistema de vida, só encontra realidade nos escritos platónicos: tudo leva a crer que tal acepção (em contraste com os exemplos atrás citados) tivesse surgido apenas na Academia, com o fim de distinguir o pensador desinteressado dos profissionais e técnicos que a si mesmos se designavam de *sophistai* e de *sophoi.* Para outros pormenores, e associação com *sophos* e *sophistes,* vide M. H. Rocha Pereira, *C.C.* I, especialmente pp. 211-215.

[2] *Panegyris* «festa ou «reunião». Os Jogos Olímpicos representavam, juntamente com a língua e a religião, um dos veículos mais importantes de unidade do espírito helénico: mesmo durante as guerras em que as cidades gregas frequentemente se envolviam, a sua realização implicava um período de tréguas. As competições desportivas eram acompanhadas de outras manifestações religiosas e culturais, que incluíam não apenas a recitação de poetas, por rapsodos, mas ainda palestras dos sofistas, que aí iam exibir («exibição» *epideixis,* é o termo que fizemos equivaler a «conferência»), perante uma larga multidão, os seus achados ou trabalhos mais recentes (vide M. H. Rocha Pereira, *C.C.* I, pp. 325-330). Tais exibições, quer de rapsodos quer de sofistas, revestiam – como o texto mostra – um cunho acentuadamente competitivo: à assistência caberia decidir «qual o mais sábio» e «quem falava melhor».

[3] *Anathema* significa propriamente uma oferenda votiva, destinada a recordar qualquer facto e também a servir de ornamento. Traglia (p. 8) aventa a hipótese de que esta expressão, «cunhada não sem ousadia», possa provir do próprio sofista.

⁴ Apesar da alegada clarificação, os termos em que Hípias se exprime estão longe de ser satisfatórios. O uso do vocabulário homérico, aplicado a figuras homéricas, torna este «juízo definitivo» particularmente ambíguo (e com dificuldades acrescidas na tradução). Como entender, por exemplo, o superlativo *aristos* aplicado a Aquiles: «o mais valente» (sentido homérico) ou «o melhor» (eticamente falando)? Em vista do contexto homérico, o primeiro sentido é o que está em evidência, e por isso Sócrates não levanta objecções; mas Hípias apela de igual modo, como se verá adiante, para uma componente ética, já visível na sobrevalorização da *Ilíada* relativamente à *Odisseia* (procurámos sugerir essa ambiguidade através da perífrase «o melhor dos guerreiros»).

O superlativo *polytropotatos,* que traduzimos por «o mais fértil em ardis» é ainda mais problemático, dado que a ambiguidade está já enraizada no sentido homérico do epíteto (apenas em dois passos da *Odisseia:* no primeiro verso da *Proposição* e em 10.330). Etimologicamente, o termo significa «o de muitas voltas», dando azo a duas principais interpretações: «que viajou muito» e «dos mil ardis» (vide, *e.g.*, R. Pfeiffer, *A History of Classical Scholarship,* Oxford, 1968, p. 9, que aliás se inclina para a primeira interpretação). Nos dois passos citados, ambos os sentidos se ajustam plenamente. Mas não podemos alhear da história da palavra a interpretação que outros poetas e escritores deram ao epíteto, fazendo inclinar o fiel da balança para o valor próximo de *polymetis* «prudente» ou *polymechanos* «dos mil expedientes», caracterizadores muito mais frequentes de Ulisses (*e.g., Hino a Hermes,* 439). É provável que as dúvidas de Sócrates quanto ao alcance do termo tenham a ver com os dois principais sentidos referidos, do que com o carácter pejorativo que aqui se sugere e adiante se explicita: de facto, essa conotação está de todo ausente na *Odisseia.* Para a desvalorização da figura de Ulisses que esta interpretação de *polytropos* subentende, bem como as tentativas de reabilitação que foram tentadas, cf. *Introdução,* pp. 39 sqq.

⁵ Literalmente «totalmente simples» (i.e., «directo», «frontal»: *haplous*) e «verdadeiro» (*alethes*). A ocorrência, certamente não ocasional, do termo *tropos* «carácter», «maneira de ser», depois dos versos citados, cerra ainda mais o complexo jogo semântico em volta de *polytropos*: Ulisses será assim o homem «de muitas caras» (maneiras de ser) em oposição a *haplous,* o homem «de uma só cara». O jogo é transparente e ajuda a definir, através da explicitação *alethes/pseudes* «verdadeiro/falso ou mentiroso» o sentido real do confronto entre Aquiles e Ulisses, tal como Hípias o entende.

A tradução não pode acompanhar totalmente este movimento, conducente à equivalência de *polytropos* a *pseudes*. Não temos dúvidas em reconhecer, com J. Mulhern, que Sócrates interpreta primeiro o termo no seu sentido homérico, eticamente neutro – «o dos mil recursos» –, que se regista tanto para *polytropos* como para *polymechanos* (cf. R.J. Cunliffe, *A Lexicon of the Homeric Dialetic,* London, 1924, *s.u.*, citado pelo referido autor em «*Tropos* and *polytropia* in Plato's *Hippias Minor*» *Phoenix* 22 [1968] 284 n. 2). Todavia, esse «purismo» de tradução, além de dificultar a compreensão do texto, omitiria também a componente de sensibilidade linguística que os usos (raros) de *polytropos* e sobretudo de *polytropia* (ligada à ideia de «engano», «astúcia») implicam na linguagem do séc. V e até antes, como referimos na nota anterior.

Sobre a importância condutora do termo na discussão filosófica, e os diversos sentidos em que é passível de interpretar-se em face dela, veja-se, além do artigo citado de Mulhern, R. Weiss, «*Ho agathos* as *dynatos* in the *Hippias Minor*», *Classical Quarterly* 31 (1981) 287-304.

[6] *Ilíada* 9.308-314, com omissão do v. 311, ὡς μή μοι τρύζητε παρήμενοι ἄλλοθεν ἄλλος, «a fim de que não fiquem para aqui a entreter conversas uns com os outros».

Perante os sucessivos desaires do exército grego, após Aquiles, ofendido, se retirar da guerra (Agamémon exigira Briseida, a escrava daquele, como compensação da cativa Criseida, que fora obrigado a restituir ao sacerdote Crises), os Gregos resolvem mandar uma embaixada a Aquiles com desculpas e numerosos presentes, pedindo-lhe que regresse ao combate. O episódio ficou conhecido entre os antigos pela cena das «Preces». A essa embaixada, constituída por Ulisses, Fénix (nalguns pontos dado como mestre de Aquiles) e Ájax, Aquiles responde, como se vê, negativamente. Só voltará ao combate para vingar a morte do seu amigo Pátroclo.

Para além da omissão apontada, há várias questões de pormenor que não afectam o sentido e que em alguns casos concordam mesmo com variantes homéricas, consideradas preferíveis. Um caso ilustrativo é o do segundo hemistíquio do último verso citado, onde a vulgata homérica apresenta ὥς μοι δοκεῖ εἶναι ἄριστα; de acordo com esta versão, teríamos no último verso «mas, por mim, vou falar-te da maneira que acho melhor» (versão que, com J. Labarbe, *L'Homère de Platon*, Paris, 1948, pp. 64-65, nos parece nitidamente inferior). O sentido a dar às frequentes alterações nas citações de Homero em Platão tem dado origem a controvérsias infindáveis. Enquanto Labarbe, por exemplo, orienta a sua análise no intuito de demonstrar que tais alterações e variantes não são intencionais e assentam num manuscrito que Platão reproduz fielmente, a maior parte dos comentadores tende a olhar essas variantes e omissões como intencionais, sem esquecer a possibilidade de Platão estar a citar de cor: assim G. Lohse, «Untersuchungen über Homerzitate bei Plato» I, II, III, *Helikon*, respectivamente n.ºs 4 (1964), 5 (1965), 7 (1967). Para a análise do passo em questão, nestas duas perspectivas, veja-se em especial Labarbe, pp. 50-65 e Lohse II, pp. 253-256.

Note-se ainda que a versão apresentada por Platão realça, de forma muito clara, uma noção arcaica de «verdade», que associa estritamente o plano da linguagem e o plano dos factos. A expressão é quase equivalente a «e o que te vou dizer é verdade» (cf. *legein ta onta* «dizer as coisas que são» = «dizer a verdade»). Para os cambiantes das primitivas noções de «verdade» e «mentira,» vide *Introdução*, pp. 47 sqq. e em especial a bibliografia citada na n. 56.

[7] Incitamento idêntico no *Protágoras*, após a longa (e torcida ...) discussão sobre um poema de Simónides, visto que «não é possível interrogar os poetas sobre o que dizem» (347e). O *Fedro* alarga o problema às desvantagens e limitações da linguagem escrita, face à mobilidade e «vida» da linguagem oral (274a), aspecto que tem vindo a ser posto em destaque por T.A. Szlezák: vide *op. cit.*, esp. pp. 80-81 para a análise do passo em causa.

Não obstante este incitamento, ainda por duas vezes se voltará a Homero.

[8] Inicia-se aqui a primeira secção filosófica do diálogo, consagrada à refutação *(elenchos)* da tese de Hípias: o mesmo homem não pode simultaneamente ser verdadeiro e mentiroso. Ao longo da discussão, que começa e se prolonga ainda sob o signo de Homero – estão em causa as figuras paradigmáticas de Aquiles e de Ulisses – Sócrates procurará realçar atributos comuns ao «verdadeiro» e ao «mentiros», conduzindo finalmente à sua identificação (369b).

A noção de «capacidade» é a primeira e porventura a mais importante a ser aduzida: como nota Trindade Santos («Erro e verdade...», p. 17), a frequência do termo *dynamis* no diálogo «é superior a qualquer outro habitual no vocabulário platónico». A ideia geral de *dynamis,* implicada no adj. *dynatos,* é a de uma 'potencialidade' (cf. E. des Places, *Lexicum platonicum,* Paris, 1970, *s.u.*), com um largo número de cambiantes – factuais intelectuais, psicológicos, etc. – que o termo «capaz» só reproduz em parte (*e.g.,* «capaz de», «capaz para»). Em 375c a ocorrência explícita do subst. *dynamis* levou-nos a alternar na tradução os termos «capacidade» com «poder», mais adequado naquele contexto. Para uma apreciação mais lata dos diversos cambiantes do termo *dynamis* nos diálogos platónicos veja-se J. Souilhé, *Étude sur le terme DYNAMIS dans les dialogues de Platon,* Paris, 1919.

De salientar, nos equívocos a que o termo vai dar origem, a observação de R. Weiss, *art. cit.,* p. 292: «a diferença de posições entre Hípias e Sócrates [...] é antes a divergência entre dois conceitos de *dynamis,* um, que é neutral, outro, que é negativo [*i.e.*, para enganar]». Para um exemplo da neutralidade ética do conceito, cf. *Hípias Maior* 295e-296d.

[9] O verbo *epistamai* «conhecer», que aparece exclusivamente neste passo, tem regra geral, por confronto com *oida* «saber», uma conotação mais prática de familiarização com determinada matéria ou ciência (vide L.-S., *s.v.*): é, por exemplo, o termo usado na *Apologia* 22e relativamente à única classe de pessoas que, interrogadas por Sócrates, demonstram saber «alguma coisa» – os artífices. Mas do contexto podemos inferir também um cambiante subjectivo (em particular, a *conscientia mali* – como a réplica depreciativa de Hípias demonstra...), cuja ambiguidade se procurou realçar através da expressão «conhecimento de causa». Note-se que esse cambiante psicológico é detectável já nos finais do séc. V em usos de *synoida* «sei bem» e do subst. *synesis,* termo por vezes equivalente a *episteme*: veja-se M.H. Rocha Pereira, «Mito, ironia e psicologia no *Orestes* de Eurípides», *Humanitas* 39-40 (1987-1988) 7-8, com remissão para a nota de W. Willink, na sua edição comentada do *Orestes* ao v. 396, pp. 150-151.

[10] *Sophos* «sábio», «sabedor» ou «hábil»: este último sentido caberia aqui muito melhor se não fosse a oposição marcada a *amathes* «ignorante». Procurámos salvaguardar esse valor, explicitando-o no neutro *auta tauta,* lit. «nisto mesmo» = «nesta mesma arte». Para a conglomeração de valores práticos e intelectuais, presentes em *sophos* (ecoando a primitiva equivalência *sophia/techne*), vide M.H. Rocha Pereira, *C.C.* I, pp. 228-235 e sobre o desvirtuamento que termos como *sophos* e o respectivo substantivo, *sophia* (conotados com o intelectualismo ou a habilidade sem escrúpulos) foram sofrendo no séc. V, M.J. O'Brien, *The Socratic Paradoxes,* Toronto, 1967, pp. 31-38. De realçar que um dos exemplos paradigmáticos do *sophos* sem escrúpulos é nem mais nem menos do que o Ulisses do *Filoctetes*: cf. *Introdução,* p. 39.

¹¹ A menos que «incapaz de mentir» designe aqui uma incapacidade psicológica (o que nada leva a supor, cf. Traglia, p. 14), a rigidez do raciocínio está à vista: Sócrates recusa absolutamente dissociar conhecimento e capacidade (para, de...), tal como recusa graus entre conhecimento e ignorância. Daí o carácter estático do argumento (naturalmente oposto à diversidade da vida e dos indivíduos: cf. R.K., Sprague, *op. cit.*, p. 74), que em princípio só reconhece «mentirosos» e «verdadeiros» em termos absolutos.

¹² Inicia-se agora a refutação da tese de Hípias através do exame às diversas *epistemai* «ciências» (a aritmética, o cálculo, a geometria e a astronomia). O processo faz parte de uma metodologia muito típica de Sócrates – cf. *e.g.* Xenofonte, *Memoráveis* 1.2.23 e Aristóteles, *Metafísica* 1078b 28-32 – que consiste em aproveitar exemplos particulares, recolhidos dos ofícios ou das ciências, para os elevar, por indução *(epagoge)*, a uma proposição universal, contraditória com a apresentada anteriormente pelo interlocutor. No caso concreto: quem mente e diz a verdade são uma e a mesma pessoa (367c, 368a).

A prova pelas *epistemai* tem a ver com o sistema argumentativo consagrado pela designação de *craft-analogy*, que explora a analogia entre a virtude e as *technai:* vide infra n. 31.

¹³ Com este pleonasmo, aparentemente inócuo *(aristos* «o melhor» significa exactamente neste contexto, tal como em português, «o mais capaz e o mais sábio»), Sócrates prepara o deslize do plano da técnica ou da ciência, em que a discussão decorre, para o plano moral: isto é, o deslize entre «bom» (sentido neutral) e «bom», tomado absolutamente (sentido ético). Este tipo de falácia, abundantemente atestada nos diálogos platónicos e em particular no *Eutidemo,* é conhecida, a partir das *Refutações sofísticas* de Aristóteles (cf. 166b 38 sqq.), pela falácia do *secundum quid* (embora associada também à do equívoco, visto que estão implicados sentidos diversos). Uma análise pormenorizada deste tipo de falácia pode ver-se em R.K. Sprague, *op. cit.*, esp. pp. 67 e 65-79 (as últimas, consagradas ao *Hípias Menor*). Sobre o carácter consciente – e até culturalmente estimulado – deste tipo de falácias, cf. além da obra citada, os estudos de O'Brien e de G. Klosko referidos na n. 14 à *Introdução*, p. 17.

¹⁴ A verdadeira ilegitimidade do raciocínio, conforme nota Friedländer (II, p. 138), consiste na passagem – de que Hípias se não apercebe – do plano da pura potencialidade para o da realidade prática: isto mesmo foi também assinalado por Aristóteles no passo da *Metafísica* 1025a 6-8 que citámos na *Introdução*, p. 11.

Mais adiante, o reconhecimento da mentira involuntária porá dificuldades insanáveis, que apontam para o vício inicial da argumentação: o pressuposto de que capacidade *(dynamis)* e conhecimento *(episteme, sophia)* se implicam mutuamente. É interessante notar que, constituindo esta insistência à volta de *dynatos* um dos elos de ligação entre o *Hípias Menor* e o *Hípias Maior*, a associação conhecimento/capacidade é, neste último diálogo, muito mais flexível: «logo, as pessoas que involuntariamente incorrem em falta com actos e atitudes reprováveis, jamais o fariam *se não tivessem o poder* de o fazer» (*me edynanto...*, 296d, tradução e sublinhado meus). Aceitando ou não a autenticidade de *Hípias Maior*, será difícil não ver, neste como noutros pontos, uma intenção de réplica ao *Menor:* vide *Introdução,* p. 11. n. 3.

[15] De acordo com o frequente valor de «hábil» para *sophos* traduzimos o plural *sophias* por «habilidades»: não há desfasamento sensível na ironia contextual que o termo reveste em português...
A ágora (praça pública) constítuia um local privilegiado de exibições que reclamavam grande assistência. Outras, mais selectas, realizavam-se em ginásios ou em casas particulares, geralmente de cidadãos ricos, como Cálias, o anfitrião de Protágoras no diálogo homónimo de Platão.
Esta fala representa a alusão mais deliciosamente jocosa dos textos platónicos à apregoada *polymathia* e versatilidade do sofista, (sobre elas, cf. *Introdução,* pp. 32-34 e sobretudo as páginas dedicadas à figura do sofista na minha *Introdução* ao *Hípias Maior,* Lisboa, ²1989, esp. pp. 11-15). Efectivamente, o ridículo não está tanto na quase inacreditável enumeração de artefactos e obras que Hípias atribui ao seu próprio labor, como na circunstância de não ter por base uma exibição directa e sim um simples relato do sofista «de certa vez que foi a Olímpia...» deixando pairar dúvidas, e até acusações de *alazoneia* «fanfarronice» nos espíritos mais críticos.

[16] A escova e o lécito eram apetrechos associados sobretudo aos atletas. Após os exercícios de ginástica era usual que antes do banho se limpassem com a escova e massajassem com óleo, sendo este justamente transportado em pequenas ânforas, denonominadas lécitos.
É difícil dizer se há de facto malícia na referência que aqui encontramos a estes objectos: subentenderá Platão que Hípias se apresentava em Olímpia no mesmo espírito de competição dos atletas concorrentes? Ou, considerando o uso comumente divulgado (não apenas entre os atletas) da escova e do lécito, a alusão será apenas casual e inócua? Ou ainda, o lécito vem lembrar uma das aplicações comuns entre os oradores – a de um rudimentar microfone para auditórios mais amplos (vide Pauly-Wissowa, *RE* Suppl. V, *s.v.*, e cf. o verbo derivado *lekythizein* «falar com ênfase»)? Esta última hipótese, discutida entre várias por Mª de Fátima Sousa e Silva e aceite como preferível no sentido a dar às várias exclamações em refrão com que, n'As *Rãs,* Ésquilo acolhe os prólogos euripidianos («lá perdeu ele a sua anforazeca...» vide *op. cit.,* p. 247 n. 145), permitirá pensar talvez numa reminiscência, menos consciente ou mais sofisticada, da figura de Ésquilo – várias vezes criticado pela sua pompa ou «ênfase» – no Hípias representado no diálogo. Cf. *Introdução,* p. 42-45.

[17] Nesta breve referência estão representados os principais géneros poéticos – o épico, o trágico e o lírico – fazendo uma vez mais jus à versatilidade do sofista. O ditirambo era uma forma lírica coral que, desde as mais antigas referências (Arquíloco, fr. 120 West) é associado ao culto de Dioniso. Caracterizar-se-ia, em contraste com o péan, dedicado a Apolo, por uma língua rebuscada e ritmos muito vivos.

[18] O magistério de *Górgias* (fundador, juntamente com Trasímaco, da prosa artística ateniense – cf. M.H. Rocha Pereira, *C.C.* I, pp. 383-384) está bem

evidenciado nesta ciência de «ritmos e harmonias» que, após *Górgias,* constitui parte integrante, da arte oratória, tal como a *orthoepeia,* em cuja reflexão se empenharam sobretudo Pródico e Protágoras. Mais novo que todos eles (cf. *Hípias Maior* 282d-e), Hípias terá beneficiado de um audacioso caminho percorrido pelos seus predecessores no sentido de uma teoria e de uma técnica de linguagem que vai favorecer, por um lado, o incremento da crítica literária, por outro, fundamentar os elementos constitutivos do que poderemos chamar a prosa poética. Num e noutro caso, os exageros «da moda» não terão deixado de se fazer sentir, como o documenta o rigor cómico – e sofista – com que, n'*As Rãs,* Eurípides se propõe medir «a régua e esquadro» os versos do seu antagonista; o mesmo se diga da ironia com que Sócrates/Platão acolhe algumas réplicas pomposas do seu interlocutor neste diálogo (vide 364be e *Hípias Maior* 291e) ou o discurso de Ágaton no *Banquete* 198c, visando aí ainda mais directamente as «figuras gorgiânicas». Numa linha mais ou menos implícita, censura Aristóteles na *Retórica* a mistura de estilos (poesia e prosa) que Górgias veio introduzir com as suas figuras mais típicas e sobretudo o trabalho de sonorizar («gorgianizar»). Sobre um e outro aspectos focados, veja-se respectivamente , Mª de Fátima Sousa e Silva, *op. cit.,* pp. 250-292 e 326-327, e B. Cassin, «*Du faux ou du mensonge...*», esp.p. 12.

[19] É natural que Sócrates explore aqui o sentido etimológico de *panourgia* («capacidade para realizar toda a espécie de coisas»), de acordo com a argumentação desenvolvida a propósito de *sophia* e dos *sophoi*. Mas o sentido vulgar que a palavra adquiriu («malícia», como traduzimos, evocando a falta de escrúpulos dos que «são capazes de tudo») mostra que o qualificativo é, também ele, malicioso. A ambiguidade (do ponto de vista ético) que o termo adquiriu em correlação com *sophia* é especialmente visível no campo da arte literária, sobretudo quando se pensa no epíteto de *panourgos* aplicado a Eurípides pelo seu admirador Dioniso nas *Rãs* (v. 80): o mais, sábio (ou hábil) dos dramaturgos ficou também a valer para os antigos – como informa o escoliasta de *Os Cavaleiros* – como símbolo dos *panourgoi* (vide Mª de Fátima Sousa e Silva, *op. cit.,* pp. 316-317). De notar, aqui como noutros casos, a coincidência de linguagem aplicada a Ulisses e a Eurípides, a que fizemos menção na *Introdução.*

[20] Traduzimos por «força é que» o v. *gignomai,* em geral, «tornar-se». O verbo tem aqui um uso forçado, que apela mais para o sentido do seu uso impessoal: «verifica-se», «acontece». Não está de facto em causa uma evolução de Aquiles ou de Ulisses – aliás, incompatível com as premissas da argumentação – mas sim uma mudança de ponto de vista, que procurámos reproduzir com a expressão referida.

[21] As queixas dos interlocutores de Sócrates, neste particular, são infindáveis: e.g. *Protágoras* 334c-335a e sobretudo *Hípias Maior* 301b, 304ab, onde se exprime a mesma frustração perante a sistemática tentativa, por parte de Sócrates, de reduzir a nada os discursos (ou os argumentos) dos interlocutores, «desfazendo-os em pedaços». A palavra *logos* repete-se aqui numa abundância de cambiantes («raciocínio», «argumento», «discurso»...) que, por razões de coerência linguística, optámos por não explicitar, atendo-nos aos valores de «argumento» e «argumentação». Mas o sentido de «discurso» (para além do discurso inicial de Hípias,

que motiva a discussão) está bem presente em toda a réplica, e sobretudo no final: o que Hípias propõe não é apenas uma competição de argumentos mas de discursos. A última frase permite explicitar este valor: «falar bem», no contexto oratório, tem geralmente o sentido de «fazer um bom discurso». Sobre os diversos valores de *logos* vide M.H. Rocha Pereira, *C.C.* I, pp. 221-226.

[22] Sobre o interesse desta ocorrência de *phainomai* na linguagem da crítica literária, cf. *Introdução*, p. 46 e n. 51.

Note-se que Sócrates agrava ainda mais o epíteto indignado de *doleros* «embusteiro», «traiçoeiro» com que Hípias agravara Ulisses, na sua última fala, fazendo-o passar a *alazon* «(impostor», «trapaceiro»). O termo é eminentemente coloquial e pejorativo e o tipo que representa – o que alardeia coisas que nunca fez ou fará – constitui um dos alvos preferidos da comédia. Como insulto (ou talvez não só...) serve frequentemente para caracterizar os sofistas: vide *As Nuvens* 102, 1492, a propósito de Sócrates e da sua «escola», aí assimilada à dos sofistas. O emprego de um vocábulo de conotações tão rebaixantes como *alazon* a uma figura (apesar de tudo épica...) como Ulisses, não deixa de ter o mesmo efeito chocante que resulta n'*As Rãs* da sua atribuição a Ésquilo (vv. 990 e 919), efeito que se consuma no *Hípias Menor* quando, um pouco mais adiante, Sócrates o transfere para próprio Aquiles.

Ainda aqui, são detectáveis as influências da linguagem da comédia e em particular d'*As Rãs*, onde a noção de *alazon,* empontada a Ésquilo por Eurípides, reflecte o mesmo espírito de reversão paródica que a sua atribuição arbitrária a Ulisses e sobretudo a Aquiles sugere. Sobre esta proximidade entre as duas figuras cf. *Introdução*, p. 43 e n. 46 e ainda p. 35 n. 37, a respeito da correlação aristotélica entre o *alazon* e o *eiron*.

[23] *Ilíada* 9.357-363 (o verbo declarativo não pertence ao texto homérico). Por Deus-que-abala-a-Terra (Enosigeu) entenda-se Posídon, o deus dos mares.

O último verso é famoso pela paráfrase do *Críton* 44b: a propósito do dia provável em que será obrigado a tomar a cicuta – dependente da chegada de uma expedição sagrada a Delos – conta Sócrates aos amigos a estranha visão de uma mulher que lhe aparece em sonhos a anunciar: «ao terceiro dia [i.e., dentro de dois dias] chegarás à fértil Ftia». A pátria de Aquiles surge assim como símbolo do Além, da pátria verdadeira de que a alma está exilada enquanto se não liberta das cadeias do corpo.

[24] *Ilíada* 1.169-171.

[25] Como observa R. Weiss, «é instrutivo notar que Hípias não apresenta Aquiles como «capaz» ou «poderoso» (*dynatos – art. cit.*, p. 292). A ideia de verdade a ele associada é a de franqueza, implícita no valor subjectivo que o adj. *alethes* primariamente exprime, aplicado a pessoas («franco», «honesto» vide *LS, s.v.*, e cf. *Introdução,* p. 54). Ao alegar a ausência de premeditação, Hípias pretende salvaguardar esse valor subjectivo, face à situação de mentira (objectiva) com que Sócrates o confronta. Introduz-se, portanto, um dado novo na aferição do comportamento moral dos dois heróis e que é determinante na segunda parte do diálogo: a distinção entre erro voluntário e involuntário.

²⁶ *Ilíada* 9.650-655. Entre os discursos de Ulisses e Ájax insere-se um longo discurso do velho Fénix, que comove efectivamente Aquiles. Hípias não deixa de ter alguma razão, peca apenas por não saber justificá-la. Sobre o artificialismo da crítica socrática (e também as suas razões mais profundas), cf. *Introdução,* pp. 44-45 e n. 48.

²⁷ Entidade mitológica híbrida, pertecente à raça dos Centauros. Passava por ser o filho de Cronos e da ninfa Fílira e a ele se atribuia a ciência e o magistério de várias artes, nomeadamente da caça e da medicina. Uma tradição mais antiga, que ecoa no título de uma obra perdida de Hesíodo («Conselhos de Quíron a Aquiles»), dava-o como preceptor do herói. Homero inovou neste ponto, fazendo de Fénix o mestre de Aquiles *(Ilíada* 11.830). É, portanto, à tradição primitiva que remonta a referência do *Hípias Menor,* tal como a do passo 391c da *República.*

²⁸ Embora a ausência de argumentos lógicos não venha senão confirmar a força do *elenchos* socrático, esta réplica de Hípias tem consequências decisivas no progresso do diálogo. Com ela se alarga o problema da verdade/mentira ao âmbito da noção de erro voluntário e involuntário, que constitui o ponto fulcral da segunda parte do diálogo. Este alargamento não é tão despropositado como à primeira vista poderia parecer: *pseudesthai* «mentir» e *kaka ergazesthai* «cometer malfeitorias», «proceder mal», associam-se geralmente nas reflexões sobre o justo e o injusto (cf. *Introdução,* pp. 53-56), reiterando um complementaridade ancestral entre «palavras» e «actos» que desde a *Ilíada* traduz a avaliação global sobre os méritos ou os deméritos do homem (*e.g.,* 9.442.443). Por outra perspectiva, enquadra-se também no elo mítico *Aletheia/Dike,* nunca totalmente desaparecido (cf. também *Introdução, ibidem* e n. 65).

Não obstante, este apelo às leis em última instância não deixa de soar com alguma ironia nos lábios do sofista, a quem é atribuída em princípio uma posição a favor da «natureza» *(physis)* contra a «convenção ou lei» *(nomos),* posição que certamente não seria radical mas talvez suficientemente notória para se expor a sugestões veladas de incongruência: cf. *Hípias Maior* 284c-e com a n. 14 à nossa tradução do diálogo, pp. 111-112, e bibliografia aí citada (em especial J. de Romilly, *La loi dans la pensée grecque,* Paris, 1971 e Aires A. do Nascimento, «*Arete* sofística, uma forma de humanismo grego», *Euphrosyne* N.S. 5 [1972] 121-159). O problema foi também referido de passagem na *Introdução,* p. 33 e n. 34).

²⁹ A habitual ironia de Sócrates, traduzida na profissão de «nada saber», funciona aqui, como em vários outros diálogos, como *captatio beneuolentiae,* «apelo à benevolência» do interlocutor. É, embora com claro intuito paródico, o que Szlezák chama «uma situação de *boetheia* ou pedido de auxílio» (*op. cit.,* p. 80), já que só a sabedoria – incarnada aqui por Hípias – pode «trazer a cura» à alma mergulhada no vício e na ignorância.

Não é possível certificar até que ponto tais protestos de ignorância seriam sinceros, como parece deduzir-se da *Apologia* (22e-23a), ou simulados, implicando uma estratégia psicológica cuja finalidade é comprometer mais estreitamente o interlocutor no fracasso das teses sucessivamente expostas (para uma discussão mais ampla e uma avaliação positiva vide J. Trindade Santos, *O paradigma identitativo...*, pp. 100-102; cf. Friedländer I, pp. 137-153, onde a ironia socrática é analisada na perspectiva de um «saber transcendente»). Contudo, o grotesco visível desta cena de auto-humilhação sem paralelo noutros diálogos – mesmo no *Hípias Maior!* – não deixa de sugerir o lado abusivo de um «fingimento» *(eironeia)* que o Trasímaco da *República* desmascara (entre outros...) com a sua habitual truculência: vide 337c, 338a, d. Para outros matizes ambíguos que Platão, através do discurso de Alcibíades no *Banquete,* e Aristóteles, na *Ética a Nicómaco,* lhe associam, cf. *Introdução,* p. 34-35 e n. 37.

De realçar ainda dois aspectos sintomáticos nesta fala de Sócrates: 1) a atribuição, no desacordo que separa os dois antagonistas, aos *logoi* (argumentos, raciocínios...) anteriores, cuja condição viciada não permitiu a avaliação segura dos factos da realidade ou *pragmata* (para a importância desse acordo na descoberta da verdade, cf. J. Trindade Santos na obra atrás citada, pp. 97-98); 2) a recusa de longas exposições, que fogem à pergunta directa e ao questionamento metódico das razões do desacordo. Sobre este último ponto, cf. ainda *Introdução,* pp. 26-27 e n. 24.

[30] Tivemos de prescindir do jogo de palavras suposto no fut. *deesesthai,* que pode pertencer a dois verbos: *dei* «é necessário» e *deomai* «pedir», «interceder». Reproduzindo-o, teríamos algo como «não irá pedir pelo meu pedido» o que obviamente obscurece a frase.

[31] Com este «novo caminho» inicia-se a segunda parte do diálogo ou, noutra perspectiva também possível, a terceira fase da argumentação. Apesar de diferenças sensíveis (o afastamento definitivo do tópico homérico e a subsunção da antítese verdade/mentira na antítese mais lata bom/mau), a continuidade está bem assinalada no equívoco que prossegue à volta das noções de «bom» e de «voluntário»: cf. R.K. Sprague, *op. cit.*, pp. 73-77 e a correlação referida atrás entre *pseudesthai e kaka ergazesthai.*

A inquirição vai centrar-se numa metodologia predilecta do Sócrates platónico dos primeiros diálogos (porventura extensiva ao Sócrates histórico: vide, *e.g.,* Xenofonte, *Memoráveis* 1.2.23): a analogia com os ofícios ou *technai.* Grande parte da pesquisa sobre a *arete* ou virtude procura efectivamente o seu apoio nas *technai:* o homem bom, que conhece e pratica a *arete,* será, nesta perspectiva, semelhante ao carpinteiro que produz, graças ao seu conhecimento, um leito ou uma cadeira. A analogia não é tão particularizante como poderia julgar-se: o modelo das *technai* invade no séc. V todos os domínios de reflexão cultural e ética (cf. O'Brien, *op. cit.*, pp. 56-82) e a associação da *arete* a uma *techne* – a uma actividade específica, portanto, cuja prática é acessível a todos os homens, mediante um ensino adequado – está bem explícita, por exemplo, nas considerações que Protágoras expõe no diálogo homónimo de Platão.

Todavia, esta analogia (conhecida por *craft-analogy*) traz também consigo dificuldades e contradições insolúveis, a que Sócrates, se não furta: qual o «produto» *(ergon)* específico do exercício da virtude? No *Cármides* a ideia de um «produto» é recusada, pela voz de Crítias, com base na distinção entre actividade e produção (163a-168d), enquanto no *Eutidemo* se propõe – ambiguamente – a felicidade, associando a *arete* à arte régia *(basilike techne),* ou seja, a política (291b-292e).

Mais importante é ainda saber até que ponto a *arete*, encarada na estreita acepção de uma *techne*, se revela como conhecimento e capacidade, tanto para o bem como para o mal. É este último aspecto que está justamente em causa no *Hípias Menor*, a ponto de suscitar de comentadores vários a crença de que o diálogo não vem senão desacreditar a analogia com as artes e os ofícios (assim Taylor, *op. cit.*, p. 38; cf. T. Irwin, *Plato's Moral Theory*, Oxford, 1977, p. 229 n. 48, que discorda da radicalidade deste ponto de vista). Para esta dissociação, cf. Aristóteles, *Ética a Nicómaco* 1144a-b, que poderá ser uma resposta implícita às questões que, por exemplo, o *Hípias Menor* ou o *Cármides* levantam a este respeito.

Para uma visão mais lata desta temática veja-se (entre uma bibliografia incontável) O'Brien, *op. cit.*, 56-82; T. Irwin, *op. cit.*, pp. 71-86 e J. Trindade Santos, *O paradigma identitativo...*, pp. 168-171.

[32] A mesma definição da actividade de uma arte ou de uma ciência através do seu produto específico encontramos, por exemplo, no *Eutidemo* e no *Cármides*, nos passos citados na nota anterior. Isto é, o *poein* «agir», «fazer» deverá concretizar-se numa obra específica *(apergazesthai ti)*. A distinção linguística não deixa de oferecer algo de especioso, pois *poiein ti* pode ter idêntico valor (cf. *Hípias Maior* 295e-297b, embora aqui encarado em termos de «geração» e não de «fabricação»). Esse carácter especioso está bem patente neste passo do *Hípias Menor*, já que dificilmente a corrida poderá visar um «produto» específico: o *ergon* que se menciona não passa do efeito causado por essa mesma actividade.

[33] O argumento repete, embora em moldes diversos, o raciocínio seguido nas considerações anteriores sobre verdade e mentira: tal como o homem verdadeiro é o mais capaz *(dynatos, dynatotatos)* de mentir, assim também o bom atleta é o que obtém de propósito resultados maus e desonrosos. R.K. Sprague sublinha com pertinência esta continuidade: a ideia de capacidade está aqui implicada na de acto voluntário (para a qual a fase anterior fornecera já os elementos de transição). Por outro lado, mesmo no domínio especializado da *techne*, a equivocidade sobre *agathos* «bom» fica, pelo menos, sugerida, quando ao «correr mal» do bom atleta se associa um termo de avaliação eminentemente social e moral como *aischros* «feio», «desonroso» (vide *op. cit.*, pp. 73-75).

A conclusão de Sócrates, restringida ao domínio técnico, é em si logicamente intacável, embora do ponto de vista pragmático suscite dúvidas: qual o bom atleta que se dispõe a obter voluntariamente resultados «maus e desonrosos»? E em que condições? O problema recai em grande parte na noção de «voluntário» *(hekousios)*, que fica indeterminada nesta situação de excepção – como sublinhámos atrás, p. 22 sqq. –, mas que subentende para Platão outro equívoco, quando transposta ao plano éuco: vido infra, n. 41.

[34] *Poneros* «mau», «vil», «deficiente» é praticamente um sinónimo de *kakos*. Traduzimos em geral por «deficiente» para acentuar em português uma ideia de inferioridade objectiva, que está subjacente ao raciocínio, e tem paralelo com a de inferioridade física (ou defeito) a que mais adiante se fará menção. A sua reversibilidade em termos morais (como *aischros*) é facilmente dedutível do contexto da argumentação.

³⁵ O termo *euschemosyne,* que fizemos equivaler a «compostura», tem um sentido deslizante entre o físico e o espiritual, que se torna particularmente difícil de reproduzir: «bela aparência», «graciosidade», são valores normalmente associados aos de «decente», «conveniente», em consonância com a associação tradicional *kalos kai agathos* «belo e bom» (assim, em *República* 588d). Por vezes, o sentido moral e social predomina, como sucede na distinção que a *Ética a Nicómaco* estabelece entre a comédia antiga e a moderna (ou seja, a comédia de transição): contra a *aischrologia* ou obscenidade da primeira, a última caracteriza--se pela sua decência ou bom-tom (*euschemosyne,* 1128 a 25). O antónimo *aschemosyne,* que aparece logo a seguir neste passo do *Hípias,* pode de igual modo designar fealdade, disformidade (física) ou indecência. Há, no entanto, no texto uma ligação etimológica óbvia a *schema,* forma», «atitude» que apela sobretudo para o jogo corporal (aplica-se, por exemplo, às posições de um dançarino). Daí que os substantivos referidos devam ser, de preferência, interpretados a partir do efeito, voluntário ou não, produzido, do que como características intrínsecas (no caso de uma «pose deformante» involuntária, esta será consequência de uma deficiência física, assinalada por *poneria* – cf. nota anterior).

Os valores que procurámos explicitar enquadram-se provavelmente na mímica, arte que não é explicitamente nomeada.

³⁶ Os dois últimos exemplos citados (ser ou fazer de coxo, ser ou fazer de vesgo) lembram dois modelos tradicionais de fealdade; um, divino (o deus Hefesto), outro, humano: Tersites, o guerreiro da «arraia-miúda» do exército grego. A fealdade deste último (bem sublinhada com o superlativo *aischistos, Ilíada* 2.216) faz dele alvo da hostilidade e da troça geral, não apenas pelos defeitos físicos apontados (e outros...) como pela atitude moral de desafiar constantemente os chefes e tentar fazer rir os outros com palavras desbragadas (*akosmos polla,* 2.213). A inconveniência da sua linguagem é expressamente sublinhada. pelo epíteto *ametroepes* «o que fala sem medida». De salientar a grosseria e mesmo falha moral que representa para Aristóteles a tentativa sistemática de provocar o riso através de atitudes ou palavras inconvenientes (*Ética a Nicómaco* 1128a 6-7). A observação pode situar-se na linha de censura indirecta ao *Hípas Menor:* na *Metafísica,* o exemplo do «coxear» é claramente visado, logo a seguir à crítica que referimos já a respeito do mentiroso. Prolongando a sua crítica, considera Aristóteles que o homem que coxeia de propósito é certamente inferior, em termos de carácter, ao que o faz sem querer (*akon,* i.e., por deficiência física – vide 1025 a 9-13).

³⁷ Esta fase da inquirição tem como suporte a distinção genérica que, a partir de Homero, se desenvolve em torno da *psyche*: 1) como *força de vida* ou *vida* (praticamente, o seu sentido homérico, a par de «sombra», em contextos escatológicos de sobrevivência no Hades): daí emerge um grupo de sentidos como «coragem», «temperamento», etc., que integram alguns usos correntes do séc. V; 2) como *agente psicológico,* associado à alma individual e à dicotomia alma/corpo, onde predominam factores de ordem intelectual, moral ou religiosa.

Platão beneficia assim de um conglomerado de valores de *psyche*, centrados na ideia primária e objectiva de «vida», que ele aproveita para sugerir de início o total, ou quase total, desligamento de culpa no erro voluntário relativamente a um agente. É na transição de um para outro dos sentidos essenciais de *psyche* que a falácia se consuma, associando o erro voluntário à capacidade e à responsabilidade (moral) de um agente. Não quisemos omitir na tradução este uso forçado de *psyche* embora, para maior clareza, o tenhamos explicitado. por «qualidade de alma» nos casos onde é óbvio o seu significado objectivo de «temperamento», «qualidade anímica» (significados, de resto, mais próximos de *thymos*, que já em Homero alterna frequentemente com *psyche*).

Mas, mesmo entendendo nesta perspectiva os diferentes usos de alma que se vão sobrepondo, a agressividade linguística e conceptual (D. Claus fala mesmo em «solecismo»: vide *op. cit.*, p. 169) não deixa de dominar todo o argumento; a referência à *psyche* dos cavalos é em particular assinalável e praticamente inédita: a recusa de atribuir uma *psyche* aos animais é um dos aspectos constantes da história da palavra, se se exceptuarem alguns raros casos respeitantes a um conceito teriomórfico de *psyche* (uma única excepção em Homero: *Odisseia* 14.426, que pode também entender-se metaforicamente – cf. D. Claus, *op. cit.*, pp. 61-62 e n. 8). É evidente que, noutro âmbito, a *psyche* encarada como «vida» ou «força de vida» pode, em reflexões posteriores a Homero torna-se extensiva a todos os seres vivos *(ta zoia)*, mas essa extensão é puramente abstracta e não contém nenhum traço de individualidade que Platão parece sugerir, ao distinguir almas «melhores» e «piores» de cavalos: vide, *e.g.* Aristóteles, *Metafísica* 1017b 15-16 e *De anima* 411a 28-29.

Sobre as particularidades da evolução e dos diversos usos de *psyche*, em especial em ligação com o contexto platónico, veja-se, além da obra atrás citada de D. Claus, E.R. Dodds, *Os gregos e o irracional* (trad. portuguesa), Lisboa, 1988 esp. pp. 223-252. Cf. ainda, para a associação *psyche/thymos* e seu carácter intercambiável, M.H. Rocha Pereira, *C.C.* I, pp. 235-236, onde o fr. 7 Diels de Anacreonte, com a sua imagem final («sem saberes que da minha alma/deténs as rédeas» é tomado como motivo inspirador da assimilação mítica da alma a um cocheiro e aos seus dois cavalos no mito do *Fedro:* ambas as referências, embora metafóricas, ajudam até certo ponto a entender a extravagante atribuição de uma *psyche* aos cavalos, no passo presente do *Hípias Menor*.

[38] Este distanciamento marca agora a passagem dos usos vitais de *psyche* aos de agente psicológico. Para as etapas que marcam essa passagem e sua importância no paradoxo ético que a seguir se estabelece, cf. *Introdução*, pp. 21-25. Note-se ainda que é a explicação, agora já possível de fazer, do erro voluntário como *adikia* «injustiça» o que provoca de novo a rejeição de Hípias.

[39] Com esta definição de «justiça» regressamos aos termos do argumento inicial: é na *dynamis* «poder» ou «capacidade» e na *episteme* «conhecimento» que a alma superior se afirma. Note-se contudo que, na primeira parte, a noção de *dynamis* está apenas subentendida no adjectivo correspondente *(dynatos):* cf. supra, n. 8.

[40] O raciocínio está na linha da concepção socrática de que «virtude é conhecimento»: cf., *e.g.*, *Górgias* 460b-c: aquele que conhece a justiça tem necessariamente de ser justo e de praticar a justiça.

[41] O desfazer do paradoxo não passa só pela delimitação dos âmbitos técnicos ou morais de *agathos,* mas ainda pelo apuramento do conceito de «voluntário» *(hekousios):* a reflexão em volta de «querer», «poder» e «conhecer» (note-se que *episteme* e *techne* são termos praticamente intercambiáveis não só neste diálogo como em todos os raciocínios sobre a virtude, na base da *craft-analogy*) levanta no *Górgias* uma pista que explica a recusa de Sócrates em aceitar a sua própria conclusão. Como ali se argumenta, o objecto de *boulesis* «desejo» apenas poderá ser «o que é realmente bom para alguém» o que pressupõe à partida a exclusão de todo o acto injusto: vide 509d-e, com a especiosa substituição do corrente *hekon* (assimilado a desejo arbitrário) por *boulomenos,* expressão de vontade consciente.

Nesta linha de considerações, fornece-nos Proclo um curioso desenvolvimento da ideia platónica expressa no *Górgias* e extensiva, aliás, a outros diálogos (*e.g., República* 588a-591b): «o voluntário *(to hekousion)* e o que está em nosso poder fazer *(eph hemin)* não são a mesma coisa. Efectivamente, o voluntário diz exclusivamente respeito ao bem (já que uma vida de males é involuntária e indesejada), mas cometer erros está também em nosso poder e tem origem numa opção nossa. No entanto, se optarmos por eles e, ao optarmos, os praticamos, é por ignorância que o fazemos» (*In Platonis Rem Publicam Commentarii,* Leipzig, 1899, vol. 2, p. 355, apud Taylor, *op. cit.,* p. 37 e K. Sprague, *op. cit.,* p. 75, cuja versão adaptámos).

Da rejeição que o próprio Sócrates manifesta relativamente ao paradoxo a que se chegou (bem marcada pela dúvida «se um tal homem existe», i.e., um homem bom capaz de cometer voluntariamente a injustiça) retiram uniformemente os comentadores a ideia de que o que está em causa é a defesa do princípio «ninguém erra voluntariamente», pela *reductio ad absurdum* da tese contrária. No entanto, para outras leituras possíveis, cf. *Introdução,* pp. 56-58.

[42] *Planomai* «errar», «andar à deriva»: termo que sintomaticamente distingue o epílogo dos dois *Hípias,* sublinhando com ironia o fracasso da inquirição, agora claramente extensivo aos dois interlocutores.

Bibliografia

Edições, Traduções e Comentários

Platão, *Hípias Menor*, iIntrodução, tradução e notas de Santa'Anna Dionísio, Lisboa, Seara Nova, 1945.
Platão, *Hípias Menor*, tradução e notas do P.ᵉ Luís Marques, in: *Itinerarium* 9 (Braga, 1963) 50-73.
Platon, *Oeuvres complètes*, t. II, texte établi et traduit par A. Croiset, Paris, Les Belles Lettres, 1965.
Platone, *Ippia Minore*, introd. e commento di A. Traglia, Torino, Loescher, 1972 [Traglia].
Platonis, Opera, t. III, recogouit breuique adnotatione critica instruxit J. Burnet, Oxonii, 1965 [1903].

Léxicos

D. F. Astius, *Lexicum Platonicum*, published by B. Franklin, New York, 1835 (1969).
E. des Places, *Lexique de la langue philosophique et religieuse de Platon*, 2 vols. (= Platon, *Oeuvres Complètes*, t. XIV, Paris, Les Belles Lettres, 1970).
H. Perls, *Lexikon der platonische Begriffe*, Bem, Francke, 1973.

F. E. PETERS, *Greek philosophical terms. A historical lexikon,* New York, University Press, 1967 (trad. portuguesa: *Termos filosóficos. Um léxico histórico,* Lisboa, Fundação Calouste Gulbenkian, 1977).

ESTUDOS

O. APELT, «Die beiden Dialoge *Hippias*», in: *Platonische Aufsätze,* Aalen, Scientia Verlag, 1975 [1912] pp. 203--237.
B. CASSIN, «Du faux et du mensonge à la fiction (de *pseudos* a *plasma*)», in: *Le plaisir de parler. Études de sophistique comparée,* Paris, Les Éditions de Minuit, 1986, pp. 3-29.
D. B. CLAUS, *Toward the Soul,* Yale, University Press, 1981.
M. DÉTIENNE, *Les maîtres de vérité dans la Grèce ancienne,* Paris, Maspero, 1967.
E. DUPRÉEL, *Les sophistes,* Neuchâtel, Éditions, 1948.
J. RIBEIRO FERREIRA, *Estudos sobre o Filoctetes,* Lisboa, INIC, Centro de Estudos Clássicos e Humanísticos da Faculdade de Letras de Coimbra, 1989.
P. FRIEDLÄNDER, *Plato* I. *The Dialogues, First Period* (transl. by H. Meyerhoff), London, Routledge & Kegan Paul, 1964 [Friedländer].
V. GOLDSCHMIDT, *Les dialogues de Platon,* Paris, Press Universitaires de France, ²1963 [Goldschmidt].
P.W. GOOCH, «Socratic Irony and Aristotles *eiron:* some Puzzles», *Phoenix* 41 (1987) 95-104.
N. GULLEY, «The Interpretation of 'No one does wrong willingly' in Plato's Dialogues», *Phronesis* 10 (1965) 83-96.
W.C. GUTHRIE, *A History of Greek Philosophy* t. IV. *Plato,* Cambridge, University Press, 1975 [Guthrie].
E. HEITSCH, «Die nicht-philosophische *aletheia*», *Hermes* 90 (1962) 24-33.
G. HOERBER, «Plato's *Lesser Hippias*», *Phronesis* 7 (1962) 121--131.

T. IRWIN, *Plato's Moral Theory. The Early and Middle Dialogues,* Oxford, Clarendon Press, 1977.

C.H. KAHN, «Dido Plato write Socratic Dialogues?», *Classical Quarterly* 31 (1981) 305-320.

G.B. KERFERD, *The Sophistic Movement,* Cambridge, University Press, 1981.

G. KLOSKO, «Plato and the Morality of Fallacy» *American Journal of Philology* 108 (1987) 612-626.

T. KRISCHER, «*Etymos* und *alethes*», *Philologus* 109 (1965) 161-174.

J. LABARBE, *L'Homère de Platon,* Liège, Bibliothèque de Philosophie et Lettres de L'Université de Liège, 1948.

J.P. LEVÊT, *Le vrai et le faux dan la pensée archaïque grecque,* Paris, Les Belles Lettres, 1976.

G. LOHSE, «Untersuchungen über Homerzitate bei Plato» I, II, III: *Helikon* 4 (1964) 3-28; 5 (1965) 248-295; 7 (1967) 223-231.

W. LUTHER, «Der frühgriechische Wahrheitsgedanke im Lichte der Sprache», *Gymnasium* 65 (1958) 75-107.

J. MOREAU, *Platon devant les sophistes,* Paris, Vrin, 1987: «Qu'est-ce qu'un sophiste?», pp. 7-117 (= *Les Études philosophiques,* 1979, pp. 325-335); «Le paradoxe socratique», pp. 29-39 (= *Revue de théologie et de philosophie,* 1978, pp. 269-279).

J. MULHERN, «*Tropos* and *polytropia* in Plato's *Hippias Minor*», *Phoenix* 22 (1968) 283-288.

A.A. DO NASCIMENTO, «*Arete* sofística, uma forma de Humanismo grego», *Euphrosyne* N.S. 5 (1972) 121-159.

D. O'BRIEN, *The Socratic Paradoxes and the Greek Mind,* North Carolina, University Press, 1967.

M.H. DA ROCHA PEREIRA, *Estudos de História da Cultura Clássica I. Cultura Grega,* Lisboa, Fundação Gulbenkian, ⁶1988 [CC I]. – «O conceito de poesia na Grécia arcaica», *Humanitas* 13-14 (1962) 336-357.

A. PLEBE, «Origini e problemi dell'estetica antica» in: *Momenti e problemi di Storia dell'Estetica,* Milano, 1979, pp. 180.

P. Pucci, *Hesiod and the Language of Poetry,* Baltimore, The John Hopkins University Press, 1977.

T.M. Robinson, *Contrasting Arguments (Dissoi Logoi),* ed. and transl. with introduction and notes, New Hampshire, Salem, 1984 (reimpr. de 1979).

A. Rostagni, «Un nuovo capitolo della retorica e della sofistica», in: *Scritti Minori. 'Aesthetica',* Torino, Bottega d'Erasmo, 1955, pp. 159.

J. Trindade Santos, *O paradigma identitativo no concepção platónica do saber* (tese de doutoramento apresentada à Faculdade de Letras de Lisboa), Lisboa, 1988 [policop.].

– «Erro e verdade nos diálogos platónicos do 1.º período: *Hípias Menor*» in: *Estudos filosóficos* I, Lisboa, Publicações da Universidade Nova de Lisboa, 1982, pp. 9-31.

T. Saunders, «The Socratic Paradoxes in Plato's *Laws*», *Hermes* 96 (1968) 421-434.

G.M. Sciacca, «Ippia Minore 376b», *Giornale de Matefisica* 8 (1953) 670-680.

P. Shorey, *What Plato said,* Chicago, University Press, 1933.

M.F. Sousa e Silva, *Crítica do teatro na comédia antiga,* Lisboa, INIC, Centro de Estudos Clássicos e Humanísticos da Faculdade de Letras de Coimbra, 1987.

J. Souilhé, *Étude sur le terme DYNAMIS dans les dialogues de Platon,* Paris, 1919.

R.K. Sprague, *Plato's Use of Fallacy,* London, Routledge & Kegan Paul, 1962.

Th. Szlezák, *Platon und die Schriftlichkeit der Philosophie,* Berlin, De Gruyter, 1985.

A.E. Taylor, *Plato. The Man and his Work,* London, Methuen & Co Ltd, 1971 (reimpr. de ^{7}1960).

H. Thesleff, *Studies in the Styles of Plato,* Helsinki, Society Philosophical Fennica 20, 1967 [Styles].

– *Studies in Platonic Chronology,* Helsinki, Society Philosophical Fennica, 1982 [Chronology].

J.P. Vernant et M. Détienne, *Les ruses de l'intelligence. La metis chez les Grecs,* Paris, Flammarion, 1974.
P. Vicaire, *Platon, Critique littéraire,* Paris, Klincksieck, 1960.
– *Recherches sur les mots désignant la poésie et le poète dans l'oeuvre de Platon,* Paris, Presses Universitaires de France, 1964.

Índice

Nota prévia 7

Introdução 9
    Autenticidade e cronologia da obra 9
    Desenvolvimento conceptual 14
    Estrutura dramática e personagens 25
    O *Hípias Menor* e a crítica literária 35
    O Tema 47

Hípias Menor 61

Notas 99

Bibliografia 113

Impressão e acabamento
da
LATGRAF - Artes Gráficas, Lda.
para
EDIÇÕES 70, Lda.
Setembro de 1999